扭曲的目标管理

[日] 一仓定 著
张小苑 译

人民东方出版传媒
东方出版社
The Oriental Press

图书在版编目（CIP）数据

扭曲的目标管理 /（日）一仓定著；张小苑译 .
北京：东方出版社 , 2025. 6. -- ISBN 978-7-5207-4452-2
Ⅰ . F272.71
中国国家版本馆 CIP 数据核字第 2025SQ5003 号

YUGAMERARETA MOKUHYO KANRI FUKKOKUBAN written by Sadamu Ichikura
Copyright © 2020 by Kenji Ichikura. All rights reserved.
Originally published in Japan by Nikkei Business Publications, Inc.
Simplified Chinese translation rights arranged with Nikkei Business Publications, Inc. through Hanhe International (HK) Co., Ltd..

本书中文简体字版权由汉和国际（香港）有限公司代理
中文简体字版专有权属东方出版社
著作权合同登记号　图字：01-2023-3191 号

扭曲的目标管理
（NIUQU DE MUBIAO GUANLI）

作　　者：[日] 一仓定
译　　者：张小苑
责任编辑：钱慧春
责任审校：曹楠楠
出　　版：东方出版社
发　　行：人民东方出版传媒有限公司
地　　址：北京市东城区朝阳门内大街 166 号
邮　　编：100010
印　　刷：天津新华印务有限公司
版　　次：2025 年 6 月第 1 版
印　　次：2025 年 6 月第 1 次印刷
开　　本：787 毫米 ×1092 毫米　1/32
印　　张：6.375
字　　数：113 千字
书　　号：ISBN 978-7-5207-4452-2
定　　价：42.00 元
发行电话：（010）85924663　85924644　85924641

版权所有，违者必究
如有印装质量问题，我社负责调换，请拨打电话：（010）85924602　85924603

前　言

笔者曾经出版过两本著作，一本是《成本核算的陷阱》，另一本是《向管理发起挑战》，都是为了打破传统思维方式。

这一次，笔者再次尝试为反对目标管理而辩护。这样几近变态的执拗，令我自己也哭笑不得。我必须强调的是，这些反论完全不是刻意，而是笔者对管理的理解，出自笔者的信念，只是恰巧形成了反论而已。

以笔者的理解，"经营企业就是在战斗"，"如果乏善可陈的运营持续下去的话，企业必然破产"。摧毁企业的最大因素是客观形势，在顶住客观形势的压力和谋求企业生存和发展道路的过程中，笔者自然而然地产生了这些想法。它们与以往的思维方式产生了冲突。

对于广泛推行的目标管理这一理念，笔者如鲠在喉，不吐不快。目标管理的现实情况就是，管理者既没有对严酷现实的充分认识，也缺乏应对现实的智慧，掌握的是堆砌华丽辞藻而成的概念理论和愚蠢的分类学，并且将它们与人际关系理论杂乱地混合在一起。对管理缺乏基本的理解，只是将低层次的目标管理技术引入企业，随之而来的就是经营的混乱。接连不断地目睹这样的现实，笔者无法再保持沉默。

因此，笔者决定刻意用尖锐的口吻指出当前目标管理中的错误，并明确揭示所看到的现实。笔者有指导多家企业实现目标管理的实际经验，并非纸上谈兵，还在书中介绍了许多企业相关人员的血泪教训，十分难得。如果贤明的读者能够从拙著中有所收获，是笔者的万幸。

一仓 定

1968年9月

（注）本书初版于1969年1月10日，题为《扭曲的目标管理》（技报堂），书中提到的公司名称和销售额等均未更新。

目 录

第一章 缺乏经营的目标管理

1.1 现实困惑 ·· 002

1.2 变形的人际关系理论 ································· 005

1.3 自主设定目标难以应对客观情况 ·················· 008

1.4 如同装饰品的企业目标 ······························· 010

第二章 目标的本质

2.1 小松制作所的 A 战略 ································ 014

2.2 企业目标应基于企业的生存条件 ·················· 017

2.3 注入高层的意志 ·· 023

2.4 目标须由一人决策 ····································· 026

2.5 变更目标 ·· 028

2.6　目标是必要的 ·· *030*

2.7　实现目标的决心决定成败 ································ *032*

2.8　传统人际关系理论阻碍目标的达成 ·················· *037*

2.9　让员工理解目标的本质 ······································ *042*

第三章　应设定目标的经营领域

3.1　单一目标危及企业安全 ······································ *052*

3.2　市场地位 ·· *058*

3.3　创新 ·· *065*

3.4　生产率 ·· *074*

3.5　盈利能力 ··· *090*

3.6　实物资源与财源 ·· *096*

3.7　其他经营领域 ·· *108*

3.8　目标必须明确 ·· *110*

3.9　目标需要衡量标准 ·· *114*

第四章　目标的设定

4.1　立足长远 ··· *120*

4.2　中小企业应根据工资设定目标 ··························· *126*

4.3 短期经营计划 ·············· *128*

4.4 公布短期经营计划 ·············· *135*

4.5 部门目标说明会 ·············· *142*

4.6 高层管理者没有指定目标时应该怎么办？ ·············· *144*

第五章　成果导向

5.1 成果源于客户 ·············· *148*

5.2 关注成果 ·············· *150*

5.3 错误法则是否与 ZD 矛盾 ·············· *153*

5.4 向上思维 ·············· *155*

5.5 培养向上级争取权限的意识 ·············· *157*

5.6 从分工主义转向项目主义 ·············· *159*

5.7 灵活应对客观情况 ·············· *162*

第六章　缺失检查等同于没有目标

6.1 不成功的检查 ·············· *166*

6.2 上级必须定期检查 ·············· *170*

6.3 在汇报会上进行检查 ·············· *172*

第七章　保持高利润和高工资的经营目标

7.1　目标和绩效评估相结合 …………………… *178*

7.2　评估高管的方法 …………………… *181*

7.3　评价员工绩效的方法 …………………… *185*

7.4　创造高利润和保持高工资才是企业的生存之道 … *187*

附录　怀念我的父亲 / 189

第一章　缺乏经营的目标管理

1.1 现实困惑

"我们公司也引进了目标管理,但是效果有限,反而产生了新的问题。主要的问题是社长下达的目标和各部门制定的目标不一致,不知道是社长的目标过于严苛,还是部门制定的目标过于宽松。公司里有两个目标,这本身就很不正常。社长指定的目标会被更加重视,但各个部门的责任人会对此不满。他们认为这是在无视他们的意见,强行执行上级的要求,这不合道理。这样的问题到底应该如何解决呢?"

这是某公司培训经理向我提出的问题。这个困惑清晰地说明了目前在日本流行的目标管理理念存在的矛盾引起了混乱。这家公司长期亏损,社长和副社长引咎辞职了。常务董事出任社长,竭尽全力谋划策略,试图挽回公司的损失,实现扭亏为盈。在这个过程中,出现了上述矛盾,社长的想法和下属的想法出现了很大的差异。

针对这个提问,笔者作了如下答复:"我不知道社长制定的目标具体是什么,但是我想大概率是一个历经了数十个不眠之夜殚精竭虑制定的目标。社长在做出决定之前，一定最大限度考虑了所有可能的情况和问题。

"公司要扭亏为盈，有太多的主、客观障碍和重大制约因素：与什么障碍做妥协；对什么制约做让步；什么样的妥协和让步无法执行，公司将无法扭亏为盈……在考虑了这些问题之后，社长才会做出决定，制定目标。它是公司划定的退无可退的底线。这不是能或不能的问题，而是企业为了生存，除了坚持，别无他法的问题。

"各部门负责人独立制定的目标，应该也是努力思考的结果。但是，他们的目的不是重建公司，他们大概率没有受过数十个不眠之夜的煎熬，这一点从各部门的目标过于宽松就可以看得出来。只满足于一般性的苦心经营，而批评社长费尽心思制定的目标，这件事本身不就是错的吗？

"你们的公司已经处于亏损状态了，如果再徘徊下去，只会破产。部门负责人应该做的不是批评社长制定的目标，而是为了实现社长的目标拼命努力工作。"

培训经理听懂了我的话，并且非常认真地做出了反思："我们还是没能认清局势，对社长的理解也不够充分。"

目标管理的教育者们一边强调"给下属下达目标"的必要性，一边倡导要"自己制定目标"。这样的矛盾，导致了上述困境随处可见，但是教育者们完全没有意识到这个问题。

再举一个案例。某公司推行目标管理，因遭到各个部门的各种批评和反对未能顺利推行。评判和反对的理由主要有如下内容：

（1）这不是目标，是配额。我们正在努力完成严格的配额任务。

（2）个人目标不能与公司目标结合。

（3）虽然承诺了允许失误，但实际上小的失误也未得到谅解。

（4）即使制定了目标也无济于事，不确定因素过多。

每一项意见看起来都很有道理。这些意见产生的原因是，把理想主义的目标管理论带到了严酷现实当中。这当然不是公司内部提倡目标管理的负责人的失误，而是向企业兜售目标管理意识形态的"名师"的错误。

目标管理的指导原则对于上述企业内部的批评和反对意见，无法给出任何解释。毕竟，指导原则一直在倡导的内容就是：目标不是配额，不要从上面强加给下面的部门。经营者要让各个部门自己设定目标，要容忍一定范围内的错误，让下级自己评估业绩……

1.2 变形的人际关系理论

目标管理的目的在于：企业通过应对恶劣的生存环境来实现预期的目标。这个表述非常准确，为了实现这个目的，经营者应该指导企业内部的人员各自设定目标，充分自由行动，以发挥各自的创造力。对于这个指导原则，我也完全同意。

当我满心欢喜地以为经营管理理论终于关注客观情况之时，它却开始变得令人不安了。因为与那些令人钦佩的口号相反，当前的目标管理理念和指导原则已经面目皆非，是现代版的"挂羊头卖狗肉"。究其原因，可以说是"名师"对"企业目标的本质"缺乏认识。换言之，目标被定义为"期待的结果"。当然，从词语表面的意思来看，这个定义没有问题，但遗憾的是，现实是目标管理论最终只停留在了定义上，根本没有对本质的探究。更确切地讲，是因为学者们不了解公司，所以无法做到对本质的探究。

于是，学者们只好照原样套用"个人目标"这个词的定义，用来解释"个人目标的管理"。单单做这样的处理，又显得过于没有水准，于是分类法开始"登场"，个人中心型、组织中心型、成果中心型等，一切有板有眼，显得规整有型。这一类型的操作委实搞得相当熟练。

他们接下来的论述是：如果目标不是让个人"自己制定"，那么会引起员工的不满，员工甚至会提出反对意见，以及为无法达成目标找借口。显而易见，人际关系的传统教导（爱德华·C.施莱）开始被导入，于是，指导原则被缩小到单一的人际关系理论，并用人际关系理论的"糖分"将其全部"煮沸"。这就是为什么这样的指导原则听多了会出问题。就好像过度的糖分摄入会使血液酸化并变稠，这对个人健康无疑是有害的。

于是，"目标必须是公正且具有说服力的。""目标不是配额。""目标不是来自上级的指定，是各人依据各自的意志确立的。""目标是在培养良好人际关系的过程中制定的。""上级制定目标，需要有下属的参与。""目标的设定必须符合个人的能力。""先由本人对结果进行测评并做出反思。"，等等，各类说法层出不穷。

在这个过程中，企业面临的严酷环境和企业目标渐次被遗忘，人们将重点完全放在了改善与下属的人际关系的方法上，越来越偏离大方向。事实上，更准确的表述应该是，这样的目标管理理论从一开始就没有考虑企业面临的环境，只是因为目标管理的用词显得很符合时代的新思维方式，于是就提倡了一下而已。因此，笔者认为，当前的目标管理理论的实质是"披着新衣的既往人际关系理论"。

1.3　自主设定目标难以应对客观情况

目标管理论，一方面主张"顺应客观情况的变化"，另一方面又主张根据个人的自主意志设定目标，但是事实上，这样两头讨巧的操作不可能达成。首先，企业内部个体的关注点通常指向内部，换句话说，就是会主要考虑如何履行分配给自己的职责。我们只能期待很少的一部分人拥有广阔的视野和高层次的思考，他们既能够观察客观形势的变化，又能够结合自己企业的发展方向，思考企业应该做什么和应该怎么做。这部分人往往在企业的管理高层或高层的周围。如果在高层之外还有这样的人才，那是非常难得的，实在是企业的幸运。

向那些只需要考虑日常工作的人强调，"不要专注于工作本身，专注于结果"的要求当然是正确的，它纠正了传统的以工作为中心的指导错误。即使要求只考虑日常工作的人为自己设定目标，他们往往也只能为分配给自己的工作设定目标，而不大可能为了应对大的外部环境设定目标。这样的目标即使让企业员工都参与设定，最后也只能成为"个人目标的总和"，而无法变成"企业的目标"。这两者完全不同。

正因为产生了这样的矛盾，于是出现了各种矛盾性的操作，如一边表示需要"提前让下属了解上司的期望目标"，一边又强调"目标由个人制定，但决定由上级来做"，等等。无论采取多少类似的措施，对客观情况不感兴趣的人都不可能完全理解上级的意图，就连上级本人是否对客观情况确实感兴趣，也是有待确认的。对客观情况不能够切实产生兴趣的人，如果只是根据自己的自由意志设定目标，那么这个目标就无法对应客观情况，也就与真正的"企业目标"完全不同。

我们还可以看到其他类似的矛盾理论，例如一方面表示目标必须是"根据个人能力设定的"，另一方面强调目标先是"对客观情况的变化做出反应"。通过这两个观点可以得出的结论是：如果你设定一个依靠个人能力可以实现的目标，它就会成为顺应客观形势变化的目标。这听起来其实不知所云。很多理论自相矛盾，因此，越是认真对待并付诸实践的企业，就越容易出现混乱。

"个人目标与企业的综合目标不一致"，这是毋庸置疑的事。"根据个人能力设定的目标"，如果能够顺应企业外部环境的变化，就没有企业会倒闭了。辞藻华丽的目标管理，终究只是一种缺乏经营管理实践的概念性理论。

1.4 如同装饰品的企业目标

当谈到企业目标管理时，往往会谈及个人目标源自企业目标，而且必须与企业目标保持一致。这个理论依据，常常被认为是彼得·德鲁克的"八个业务目标领域"，内容包括市场地位、创新、生产力和贡献价值、物质和财政资源、盈利能力、管理人员的能力和发展、工作人员的能力和态度，以及社会责任。

这样的目标当然没有太大的问题，但是不懂管理基础知识的导师，只是口头提出企业目标，并不理解其真意，也就没有实质上的操作。于是，导师开始使用托词来蒙混过关，表示他们是在强调明确目标的重要性。这样的人与其成为经营管理的导师，更不如成为能言善辩的政治家。

使用这样的托词，如同眼前摆着一道道绝妙的美食，原本应该教授的是如何食用美食，却开始介绍"这就是烹饪的意义"。之所以会这样做，是因为他没有能力解释如何食用，于是后退成了上策。

什么是业务目标，应该如何理解，应该如何与目标管理具体相关？这些才是目标管理最需要回答的根本问题。即使是个人目标，也应该建立在企业目标基础之上，不包含企业目标的个人目标，其实没有任何意义。（当然，即便没有企业目标，个人目标也存在，但这种情况下的个人目标表示的是个人的生存目标，而不是企业的生存目标，本书的论述仅限于企业目标。）个人目标是实现企业目标所必需的，但企业不是为了实现个人目标而存在的。

因此，一旦成为管理者，就必须对公司的目标有一个基本了解。这不是一件难以做到的事，例如上述八个领域当中的"市场地位"问题，只要有市场份额意识，明白落入边际生产者的危险，就会对工业界的竞争有新的认知，更加理解上级分配目标的目的，执行的态度就会有很大的转变。这样的例子，我在参加讲座的学习者当中看到过很多。

通过培养意识，他们理解了上级的目标要求的意义，自愿设定了可以实现的个人目标，而且明白了如果市场份额不能增加的话，个人目标不过是个人的自我满足而已。

在目标管理论中，公司的目标不过是装饰品，是附属物，这完全是本末倒置的理解。目标管理要先从理解公司目标开始，目标管理必须建立在此基础之上。

第二章 目标的本质

2.1　小松制作所的 A 战略

为了了解企业目标的性质，我们可以考察一个非常典型的案例，它就是小松制作所的 A 战略。

小松制作所曾经只是位于日本海一侧北陆地区的一家破败企业，因自主研发了优良的推土机，目前正在与美国的纳威司达公司争夺全球第二把交椅。该行业的第一名是美国的卡特彼勒公司。由此可见，小松制作所已经碾压了欧洲制造商。

小松制作所的成长秘诀除了优秀的管理人员、精良的销售队伍和卓越的技术能力，还在于整个公司全力以赴的拼搏。A 战略非常清晰地讲述了这个成长的故事。

1961 年，当时的小松制作所生产的推土机适逢工程机械的成长高峰期，产品的销售非常兴旺。在这样成长高峰期的背景之下，当时的社长河合良成提出了 A 战略，目标是将推土机的使用寿命延长到"大修前 5000 小时"。之所以制定这个目标，是因为当时卡特彼勒公司的推土机在大修前的使用寿命是 5000 小时，而小松推土机的使用寿命要短得多。

小松推土机虽然在大修前的寿命较短，但市场销售很好，因为工程机械市场正处于繁荣时期。然而，河合社长清楚地看到了繁荣下的危机，一旦这种繁荣时期结束，小松推土机的销售就会无以为继，而且，数年后随着贸易自由化的展开，卡特彼勒的产品会大量涌到日本市场。到那时，卡特彼勒的产品将替代小松的产品。正是有了这样的危机意识，河合社长制定了新的企业目标：为了在与卡特彼勒的竞争中生存下来，我们生产的推土机要与卡特彼勒的产品具有相同的质量，即使用寿命为大修前5000小时。河合社长没有被眼前的经济繁荣冲昏了头脑，基于严格的自我反省和远见卓识，制定了有利于企业长久发展的目标。

小松制作所为了实现这个目标，将公司所有的智慧和行动都聚焦于此，因为它是高于一切的，所以被称为A战略。历时两年，耗资10亿日元，小松制作所集全公司之力出色地实现了目标。

小松制作所的A战略始于对市场现状的调查。经过调查发现，当时小松推土机的使用寿命是3000小时，也就是说，与目标产品的差异是2000小时。于是，"公司需要做多少？"这个问题就有了清晰的答案，换句话说，公司要做的就是将产品的使用寿命延长 2000 小时。

然而,将预期使用寿命延长 2000 小时,不是一个通过普通的努力和一般性措施就能实现的目标,最大的敌人是成本。于是,河合社长下达紧急指令:忽略成本,不要拘泥于 JIS(Japanese Industrial Standards)。其后生产的产品,300 个零件中的 80% 都经过了改造,本质上已经是一款新产品了。最终,该款新产品以其卓越的品质在行业中确立了稳固的地位。小松制作所并没有止步于此,目前该公司制定了一项新的战略,名为"WA 战略",W 意为 world(世界)。

2.2　企业目标应基于企业的生存条件

小松制作所的案例给予了我们哪些启示呢？第一个启示是，企业目标是建立在企业生存条件之上的。一家公司的命运，基本上取决于它如何处理自身面对的客观情况。换言之，公司的目标是根据现实情况制定的，与公司内部情况基本无关。现实情况的变化独立于公司的内部情况。

比起理论，事实更加重要。小松制作所的目标是根据卡特彼勒推土机的寿命设定的，与本公司产品的寿命无关。这个部分非常重要。"根据过去的成就和个人能力确定可行的计划、目标和预算"，传统的管理思想都牢牢植根于这样的理念。它看似非常正确且合理。在"公司绝对不会破产"的前提下，这个理念能够成立的话，当然是可喜可贺的。但实际情况往往是，即使根据过去的成就设定了可实现的目标，也无法保证其能促进企业持续生存发展。这种理念是忽视了现实的概念论。

设定目标，就是为了使企业有决心应对客观形势的变化，抗住压力，也就是说，客观形势的压力以目标的形式落在整个企业身上。因此,目标就是压力,如果达不到目标,公司就会被压垮,所以这是一个必须达到的"基准"。

目标管理论有一些论调,认为"不能因目标让人感到压力","目标不是基准"。这样的论调说明主张者不但不明白目标为何物,还有可能毁掉公司的危险想法。这种危险思想的根本论据来自对人际关系的考量,其主要内容是:如果目标是上级强加的,人的意志就不会被激发。这种人际关系理念在日本企业中根深蒂固,而且被认为是健康的、良性的。这令人无可奈何。如果企业仅仅通过尊重下属的感受,就能够让下属独立行动起来,并且令企业繁荣发展的话,那么就没有人会因为企业经营而劳心费神了。由此可见,这种人际关系理论其实是一种缺乏经营管理意识的理论。

目标不是"上级的强制",而是"现实情况通过上级给下属施加了压力"。与不明白这个道理的人打交道是没有好处的。只要公司的目标是基于"生存条件"制定的,就没有讨价还价的余地。可能与否、可行与否的争论,根本是不成立的。

笔者用一个案例来进一步解释。如果2000卡路里是一个健康的、正常工作的成年人每天的最低卡路里需求的话，那么讨论 2000 卡路里本身就没有意义。如果有任何讨论余地的话，那就只能是 2000 卡路里是不是最低的卡路里要求。

同样，如果对目标有任何争议的话，那就不会是目标是否能够实现，而是目标本身是不是满足企业生存的充分条件。只要目标是充分条件，如果不可能实现或无法达到的话，公司就只能消失。

现状是，公司面对的客观形势日益严峻，变化总在不断发生，如果以过去的成就和内部情况为基准制定公司目标的话，就无法应对客观情况。制定看似不易实现的目标，将不可能变为可能，是公司成员应尽的职责。如果参考过去的业绩，只做看似可行的事情的话，公司可能很快就会倒闭。公司其实别无选择，只能将不可能变为可能。

我们需要重新思考现状调查的意义。传统的思维方式是先调查现状，进而再审视、改进和完善。这个貌似非常正确的思维方式得到广泛的认可，但小松制作所的经验告诉我们，这个思维方式其实是错误的。

让我们将传统的思维方式与小松制作所的经验对照思考。先是现状调查：调查结果是本公司的产品的使用寿命为 3000 小时，通过改进，延长了 500 小时，于是使用寿命延长至3500小时。这样的改进算大功告成了吗？

即使使用寿命达到了3500小时，如果达不到企业生存所需的5000小时，那也只能算是自我满足。无论是3000小时还是3500小时，对大趋势而言都无关紧要。从无法满足企业生存条件的角度看，只是"五十步笑百步"而已。现状调查→改进→新标准，改进理论的错误就在于此。

小松制作所没有做这样的愚蠢操作，而是另辟蹊径。他们先设定了目标，然后进行了现状调查，于是，目标与现状之间的差距得以清晰呈现。这个差距就是企业为了存活下去而必须在有限时间里达成的目标，而且是必须达成的最基本的目标。这就是所谓的"唯此原则"，与常规的思考方法不同，常规的是尽可能多做的原则。

没有人知道"尽可能"是什么意思，即使尽力而为，也没有人知道是否满足企业存活下去的条件。小松制作所没有采用"尽可能"原则，而是在看清楚生存条件之后进行改进，将结果与目标进行对比，如果不够，再重新改造，如此往复，改造了两年，终于艰难地达成了目标。小松制作所通过这次战略向我们显示的是，真正有效的、合理的方法不是现状调查→改进→新标准，而是目标→现状调查→填补差距。这一点非常重要。

假设公司必须在本月底之前再收取1000万日元的应收账款才能取消账单，如果不能取消账单的话，公司就会面临破产。在这种情况下，1000万日元是企业存活的最低金额。如果遵循"尽可能多的原则，会发生什么呢？公司先调查应收账款的现状，结果是2000万日元。因为公司非常努力地收回了款项，共收回了800万日元，于是应收账款减少至1200万日元。对公司而言，这是一个可喜可贺的结果吗？显然不是，因为没有1000万日元的回款，公司就会破产。因此这不是可不可收回的问题，而是一个无论如何都要收回的问题。公司的利益不是尽力追回的800万日元，而是必须追回的"最低限度"1000万日元。

我们常常面对的严酷事实是："必须做的最低限度"会大于"可以做的最大限度"，"企业所能赚取的最大利润"通常远小于"企业绝对需要的最低利润"。

这就是最大限度原则的可怕之处，因为在获得最大结果的自我满足中，容易忘记最小的必要结果。因此，我们的关注点永远应该是"最低限度的必要"，而不是"可以做到的最大限度"。

传统的目标管理决定的是"做多少"，看起来是"唯此原则"，但是实则不然。这一类型的目标管理内容一般是"目标是为人量身定制的","制定合理的目标非常重要"。在这样的目标指导下,企业利润即便没有达到必要的最低限度,也不会成为问题。换句话说,这是"个人所能达到的最大可能的结果",所以实际上还是"尽可能多的原则"。

2.3　注入高层的意志

从某种意义上说，企业目标与企业管理高层的意志无关，因为目标是由企业所处的环境决定的。换言之，内部成本等事项，与管理高层的喜好无关，基本上都是由客观情况决定的。客观情况不会随着高层的意志而发生变化，高层的意志是被动应对客观环境的结果。尽管意志是被动的，但仍然是非常严肃的，不能掉以轻心。当然，目标的实质不仅于此。

企业目标里还有"高层的积极意志"。把"高层的积极意志"放在"企业生存的条件"之上时，企业目标就可能变得更明确而合理了（虽然这两者不一定能分得很清楚，或者说，这两者其实难以区分）。高层管理人员的意志源于他们的人生观、宗教观和使命感，例如松下幸之助的哲学是：生活必需品必须像自来水一样丰富而源源不断，如果实现了这一点的话，贫穷就会被克服。我们就是为了克服贫穷而进行生产的。本田宗一郎的哲学更加"意气风发"：我们必须做到世界第一。还有其他更加现实的哲学，例如

A公司的社长可能表示：要让我的员工在结婚时拥有自己的汽车，在30岁就可以拥有自己的房子。

这个原则可以是任何内容，只要是"正确的"即可。原则能够让公司成员感受到社会责任感，给他们带来希望。然而，"上层意志"的层次越高，创新的理念越卓越，目标距离现实就会越远。而这也难免会伴随"说梦话""吹牛皮"等非议。

"地震重建计划"就是一个例子。如果当时这个计划没有被现实主义者埋在"吹牛皮"的污名之下的话，今天的东京会呈现不一样的景象。当时，100米宽的主干道计划被否决了，缩减方案B被否决了，最终得以通过的方案C，也是经过了进一步的修改和缩减的。这个案例发生在1923年，或许年代有些久远了，令人遗憾的是，东京又一次失败了。每当看到名古屋宽敞而通达的市容市貌，我的这种遗憾感就会愈加强烈。

1955年，松下电器工业株式会社公布了它的长期经营计划，据说这在日本尚属首创。但在公布之初，来自各方的批评意见不断，大家都在指责其过于夸大。当时，松下计划在五年内将年销售额翻两番，从200亿日元增至800亿日元，这个目标意味着每年超过30%的快速增长。经过公司上下的拼命努力，这个目标在第四年得以实现，并在第五年实现了 1000 亿日元的年销售额。这个计划为实现"世界上最伟大的松下"做出了重大贡献。

高层管理人员设定的目标越高大，我们就越需要努力理解他们的意图，而不是提出批评。这是高管对高层应该秉持的态度。

2.4　目标须由一人决策

企业目标应该由高层的一人决策，其原因在于目标是依据现实情况制定的，并增加了高层的意志。还需要指出的是，最了解现实情况的是高层的经营者，基层的企业员工对现实情况掌握得很少。让不了解现实情况的下属根据现实情况制定目标，这能有效果吗？这就如同向门外汉询问如何治疗疾病一样，没有什么现实意义。

最重要的是，高层管理者不能是不向下属咨询就无法做出决策的人。这是一个大问题。上级需要向下属咨询，目的在于了解为了实现上级的目标，下属可以采取的具体措施是什么。确定目标与咨询措施不能混为一谈。

冠以"长"的人，是要做决策的人，是负责做决定的人。"一人决策"是决策的主要原则，一旦违背这一原则，组织就会难以维系。当然，在决策之前倾听部下的意见是应该的，通过会议讨论也是可以的。但最终的意见取决于一个人的意志。许多传统的管理理论给人的印象是："领导者"是协调和汇总下属意见的人。这样做的理由是"人际关系"

很重要。

上级当然不应该无视下属的想法，但过于尊重下属的意志，以致忘记了客户，忽视了客观情况，这不是必须避免的吗？这是一个"本末倒置"的严重问题，或者更确切地说是没有搞清楚什么才是"真正的本末"。

需要明确指出的是，一人决策不是一人控制。一人决策是指一人负责决策。一人控制是指一人掌管一切。上级一人决策，并将执行委托给下属，这才是真正的领导者。

2.5　变更目标

关于变更目标,我们应该如何理解呢?大多数人会使用的表达是,"目标需要根据现实情况的变化而改变",但是,这样暧昧的表达方式有可能导致错误的行动。

因为这个表达没有说清楚什么是现实情况的变化。工作能力不足,导致目标与实际结果之间的差距变大时,人们却泛泛地解释为现实情况发生了变化,并更改目标,让目标更接近实际结果。这种想法和做法都是错误的。目标是根据客观情况设定的,而不是顺应主观情况改变的。

如果现实情况发生变化,当然必须立即变更企业目标。基础变了,目标自然也要改变。但是,主观情况和企业目标无关。仅仅因为与目标无关的主观情况发生了变化,就更改目标,这显然不合理。也就是说,如果仅仅因为主观情况,就调整目标以接近结果,这显然是错误的。无论结果距离目标有多远,这样的操作都不可取。这样的操作即便提高了目标的达成率,成果的绝对数量也不会增加,反而更加容易混淆视听,让人看不清现实的本来面目。企业经营的问题通常存在于目标与现实业绩之间，两者的差距越大，问题也就越大。这个差距向我们展示的是问题的性质和程度。人为缩小差距，会面临低估问题的危险。对目标的随意修改，只是人为创造了一种轻松的假象，反而隐藏了风险。

正确态度是：随现实情况的变化更改目标，而不应该随主观条件的变化而改变。但是，在现实中，随主观条件的变化而更改目标的情况比比皆是。

2.6　目标是必要的

我们经常听到有人讲，"企业虽然设定了目标却无法按计划进行，所以设定目标也没有意义"。这个说法听起来似乎有些道理，却经不住推敲。确实，设定了目标，实现起来也并非易事。如果一个目标可以轻而易举地实现，那么这个目标本身就有问题。

我们应该认识到的是，目标之所以必要，恰恰是因为它们难以实现。试想一下，如果没有目标，只有成就，会发生什么呢？只看成就的话，我们其实无法判断它是否满足了企业"存活下去的条件"。例如，由于季节性波动，很多公司上半年和下半年的业绩差异很大。这样的公司即使在上半年实现了可观的利润，也并不一定就安全，因为下半年的赤字可能会吃掉盈余。因此，为了弥补下半年不可避免的逆差，就需要为上半年制定一个有足够盈余的目标。我们必须先将企业的"生存条件"作为目标，并始终将其与成就进行比较。如果出现目标和阶段性的实际结果不一致的情况，即使之后继续按照目标努力，但因为存在这个阶段性差距，所以最终的利润也会与目标有差异。

通过这种方式比较目标和实际结果，可以了解现状与目标的差异。这种差异是一个提醒的信号。如果经常比较目标和实际结果，就能够快速识别企业面临的风险状况。如果事态失控后才识别风险，那就为时已晚了。

假设发生了意外，实际结果与目标相差甚远。这个时候，不要因为目标和实际结果相差太远，就认为目标已经变得没有意义了，这种思维方式是"失败主义"的思维方式。我们需要考虑的是：由于不可预见的事故，我们已经失去了这么多的目标。这种情况意味着什么，我们必须做出哪些努力才能在这种情况下生存下去？

掌握目标与实际结果的差异，能够帮助我们认清形势，制定具体措施。即使当我们不得不根据现实情况改变目标，也可以比较容易地理解需要改变的地方和程度，以及需要什么样的努力才达成新目标。如此，我们也就能够明白，目标对企业的隐患还起着"探测器"的作用。

2.7　实现目标的决心决定成败

我的一位朋友是某公司的高管，在他担任生产部部长的时候，有一次我去他公司的工厂参观，走到哪里看到的都是"今年的目标：减少30%的作业时间"的标语。

参观完工厂，我向他询问目标的相关事宜。他回答说："减少30%的作业时间并没有科学依据。实际情况是我们在年底前不能减少30%的作业时间，公司将无法在激烈的竞争中生存。作为生产部部长，我个人做了这个判断，于是让各部门经理考虑他们如何能实现这个目标，并且提交计划。我的角色就是检验计划书的可行程度，这本身就有难度。今年不是第一年削减工时了，从公司成立到现在每年都在做，已经坚持了十年，现在需要再削减30%，这不是一般的努力能够做到的，所以各个部门经理都在摆各自的困难，纷纷表示这个不能做，那个也做不到。

"但我绝对不听这些理由。他们的每一个理由都有各自充分的道理，这个我从一开始就明白。听了每一个有道理的理由，我也会觉得'我也是人，做不到的事情就是做不到'，如果我认可这些理由的话，他们会特别赞赏我是善解人意的部长。但是，如果我变成善解人意的部长，公司会变成什么样子呢？减少30%的作业时间根本不可能达成，甚至连10%都不可能了。我别无选择，只能变成'恶魔部长'，然后要求下属必须实现他们的目标。"

听完他的讲述，我无限敬佩。离开他的公司前，我又看了一眼贴在会客室墙上的公司十年的"销售图表"。头五年，销售基本停滞不前，从第六年开始，销量直线上升，现在，该公司处于行业龙头地位。第五年和第六年之间数据出现明显的上扬，这个"上扬"就出现在我的朋友担任生产部部长之后。不言而喻，这家公司的出色表现不单单归功于这位生产部部长，但我相信如果没有这位部长的话，公司也不可能实现这么快速的增长和高利润。

比较过往的业绩，目标总会显得不可能达成。因此总会有心境平和的理想主义者表示，目标不应有任何不合理之处，目标应该为下属所接受，等等。但是，这样的理想论实际上是行不通的，现实是无论目标是否合理，都必须克服一切困难达成。为此，高层管理者和高级管理人员必须有坚定的决心，必须相信目标是可以实现的。这是领导力的基本要素之一。虚弱的人际关系论只会降低绩效，下面是一个相关案例。

　　F公司的厂长是一个非常善解人意的人，也是一个讲究人情的人。公司是接单生产的企业，销售科科长接到询价后，厂长会把设计、材料和生产等科长们聚集在一起寻求意见："什么时候可以出图？图纸出来后，生产材料的组织需要多长时间？生产部门需要多长时间完成生产？"然后，厂长汇总三方面的意见，确定交货的时间。每个科长都会列出一系列无法快速完成的理由，这意味着交货日程就变得相当长。销售科科长自然不同意，因为这样的话订单就拿不到了。于是，又进行一轮讨论，交货日期得以稍微缩短，重点是"交货期不可能再缩短了，请销售科科长设法说服客户"。最后，销售科科长只能同意，该公司的经营业绩不尽如人意。

　　一次偶然的机会，笔者应邀到这家公司帮忙，了解到了上述情况，向厂长提出了以下建议："厂长是想很好地理解公司内部人员的处境，并且建立良好的内部人际关系。但是，这个想法是有误的。为了公司内部的人际关系，影响到了给客户的交货日期，那么问题来了，公司到底靠什么吃饭呢？难道不是靠客户吗？牺牲了客户的人际关系难道不是一个彻头彻尾的错误吗？一个忘记客户的公司会被客户遗忘，被客户遗忘的公司就会破产。如果公司破产了，还有什么人际关系可言呢？那只剩下最糟糕的人际关系。"接着笔者又解释了"满足生存需要"的思考方法，一直在旁侧耳倾听的厂长真诚地反省："明白了，我的考虑欠妥。"

在那之后，厂长的态度完全改变了。销售科接到询价后，他立刻向销售科科长询问交货日期，要么保持原日期，要么让销售科科长请求客户延迟数日，然后召集各部门的负责人，逐一将生产任务落实到各个部门："设计到某日完成，材料到某日准备完毕，采购到某日到位，生产到某日完成。"大吃一惊的各部门负责人马上开始申述无法完成的各种理由，但是厂长会制止申述："你们说的都有道理，但是有道理也不是理由。如果在你们的加薪问题上公司给出各种理由，说明因为没有财力，所以无法加薪，你们就可以欣然接受公司的理由，放弃加薪吗？道理是一样的，不管是否可行，都得可行，否则公司就无法生存。不管做什么样的努力，满足客户的需求是我们的职责。"

这些话非常生动形象，令笔者对厂长刮目相看了。从那时起，公司各部门的负责人不再提出各种理由，公司的业绩也得到了提高。之后，当笔者向各部门的负责人询问他们对厂长的看法时,他们表示:"一开始确实很惊讶,但是仔细思考之后,觉得厂长说的特别有道理,我们也就欣然接受了。"不知人际关系至上主义者会如何理解这个案例,愿听指教。

2.8 传统人际关系理论阻碍目标的达成

某公司社长极其重视员工的感受,并且认为人际关系极其重要。当一位女性职员对一位部长提出批评时,社长竟然警告了那位部长。这样的人际关系已经到了病态的程度。这家公司过去两年一直在亏损,本年度继续亏损……而且注定是大幅度的亏损。

这家公司曾经处于成长型行业,因为过于看重下属的感受,所以在高盈利时期没有"砍掉"留存的过剩的间接人员,还补充了退休人员。这就是这家公司陷入亏损的原因。就算没有这位社长,以及表现得那么极端的公司,我们还是不得不承认,人际关系病广泛地存在于各个公司,而且到了一种难以治疗的严重程度。

公司得了这种病,公司内部会极度厌恶意见分歧和冲突,于是"和睦相处"被认为是最好的处世之道,而公司成员大多变成了没有个性的同意主义者,上司大多也变成了不敢对下属直言的懦弱领导。

从根本上讲,原创人才、创新人才、积极进取的人才等,这样的人才是公司发展的原动力,是公司的宝贵财富。这样的人才一般都有很强的个性,他们推动的工作越具创新性,阻力就会越大,越容易产生摩擦。由此可见,没有摩擦和批评的工作对公司的发展没有多大帮助。

在墨守成规中,个性容易被抹杀,为了避免摩擦,创新容易被遏制。这样的结果好吗?公司能够顺利生存吗?"割角杀牛"这样的操作难道不愚蠢吗?只强调下属的感受、下属的立场、下属的意见,那么上级的立场呢?更重要的是,公司的立场和客户的立场又该怎么办呢?在一个公司里,最重要的是下属的立场吗?上级只能为下属着想,绷紧神经,对下属表示感谢。同时,下属似乎并不需要考虑上级的立场。人际关系理论只字未提对上级的尊敬之意,下属似乎既不必考虑上级的立场,也不必对上级"恭恭敬敬"。感谢讲究的不是相互吗?难道遇事都需要上级做出让步,才能够让事情顺利进行吗?

为了改善人际关系和提高员工士气[①],重要的举措似乎被认为是改善公司的物理环境,使其变得舒适与令人愉悦。为此,人们普遍认为公司有必要准备一些福利设施和娱乐

---

① 士气意为工作意愿。

设施，并努力让员工干得开心愉快。不注意这些事项的企业经营者受到非议，员工认为应该在舒适的工作场所和令人愉悦的环境中工作。现阶段，事态已经发展到了相当严峻的程度，有些经营者不得不正面回应这个问题，索尼的盛田昭夫就曾直言："公司不是游乐园！""有趣的工作场所"，这样愚蠢的想法，到底是什么样的无知者想出来的呢？

公司做生意如同打仗，与此同时，生意场也是打工者谋生的战场。人们的日常工作是一场严肃的竞争，天下没有所谓的"令人愉快的严肃竞争"。我们工作的每一天，从本质上来讲都是辛苦的，我完全同意索尼的盛田昭夫对公司的定位。

> 公司并不是一个让人愉快的地方，我希望大家不要在这个根本问题上产生错觉……公司是员工来工作的地方，我希望员工在公司努力工作，努力创造利润，然后在公司之外的地方愉快地享受生活。公司完全没有必要成为一个有趣的地方。
>
> ——《学历无用论》

企业经营者没有责任创造舒适的工作场所，也不必为提供娱乐设施费心。管理的责任在于提供"健全的管理"。经营者之所以重视人际关系，是因为他们相信这样可以提高员工士气，进而提高业务绩效。我并不反对这个想法，我们需要思考的是，当下的人际关系思维方式其实收效甚微，更准确的表达应该是，当下的人际关系思维方式事实上带来的是负面效果。这样的负面案例我见过很多。

德鲁克曾经质疑过，"现在的人际关系不就是建立在40年前的'霍桑效应'之上的吗？问题是'霍桑效应'本身就可以称作真正的人际关系吗"。本来，霍桑效应是以企业团体中最底层人群为对象的，是个体与群体相关性的心理研究，但现在试图将其进一步扩大到顶层人群，这就不合理了。无论人际关系理论家如何强调人际关系的重要性，行为科学家的研究已经表明，士气和生产力之间没有相关性。我们必须坦诚地承认这个事实，并且坦诚地做出反省。

更重要的是，传统人际关系理论的最大缺陷在于忽视了管理，只沉迷于个体心理研究，忘记了更重要的是公司，也忽视了每个职员应该完成的职责。一家公司不是以改善人际关系为运营目的的，更不是心理实验室。公司的业务是生产商品、销售商品或提供服务。

这就是为什么德鲁克不得不发出一个明确的警告，"人际关系不能高于企业管理"，现实的情况已经病入膏肓，德鲁克对此充满了警觉。无论人际关系呈现出多么美好的状态，如果不利于企业经营，那也只是空洞的人情论，无论道德层面看起来显得多么美好，如果不能有助于提高生产，那么无非只是一种幸福的感觉而已。

现在，到了需要重新定义"士气"的时候了。真正的"士气"必须能够让人专注于实现公司的目标，认识到形势的严酷客观性，专注于履行自己的责任。员工的"士气"必须始终向上，并始终帮助员工为实现下一个更高的目标做出努力和贡献。"士气"不应该是对个体的简单心理研究，而应该给予员工充分发挥个性的信念和勇气，使其积极面对困难，不畏惧摩擦，相信自己是正确的就始终坚持，不放弃。上级对于下属，要有坚定的领导力，能够基于明确的目标说服和激励下属。"士气"必须是一种积极的、坚持创新思维方式的人力理论。

2.9　让员工理解目标的本质

笔者一直在否定传统的人际关系理论，但这并不意味着笔者对人际关系本身持否定态度，事实上，笔者提倡的是真正意义上的人际关系，换句话讲，是一种真正意义上的"人力"理论。

传统的人际关系理论主张的不是真正的人际关系，而只是一种不分是非的套近乎的人际关系[①]，又或者说是一种外交辞令，其真实身份反而应该说是"侮辱人的理论"。这一类的人际关系论打着尊重人的幌子，研究人们的心理，试图通过利用弱点而不是成就感来左右他人，并且用"赋予动机"一词来美化其行为。与此同时，这类的理论还彻底视人际摩擦为罪，用"以和为贵"进行引导，摧毁创新和创造的萌芽。

创新本身势必会带来人际摩擦，如果害怕人际摩擦的

---

① 套近乎是指脸上带着微笑拍拍别人的肩膀，与他们交朋友的做法。在明治时代和大正时代担任首相的桂太郎就是以这种方式加深了与政商的关系，被称为"套近乎首相"，这是该词的起源。

话，其实只能无所作为。三洋电机之所以能迅速崛起，成为电动洗衣机行业的佼佼者，很大程度上得益于较早开发出洗衣桶和喷流式电动洗衣机。在这款洗衣机的研发过程中，各方总是争论不休，甚至还有吵起来的时候。我当然不赞成吵架，但热情是工作所必需的，如果害怕摩擦，就会一事无成。

人际关系理论中经常出现的表述有"讨论"，还有"发表意见"和"参与"，看似非常尊重对方，但很快也会露出马脚，因为随后的表述就是"不要勉强"，"做与能力相匹配的工作"。但是，是不是在"勉强"其实非常不容易判断，评估人的能力是极其困难的。

因为了解人的能力非常不容易，所以简单的一句"与能力相匹配"，可能只是根据表面的观察进行的判断，而那些争论背后隐藏的态度是：这是对低端劳动力最好的处理方式，他们的能力就在这个层次上。这种鄙视的态度谈何尊重？这当然就是侮辱人的理论。

日本女排被称为"东方魔女"，它的缔造者大松博文教练被女排姑娘们称为"魔鬼大松"。大松带给日本女排的看似是非人的折磨，但是教练与女排队员之间有着温暖的人情交流，有着钢铁般的团结和坚定的合作。大松教练挖掘了姑娘们隐藏着的潜力，并将其发挥到了极致。反而在表面上尊重人性的继任教练的指导下，女排姑娘们与教练的关系开始崩塌，团队分崩离析。这两种做法，哪一个是对人的真正尊重，哪一个是对人的侮辱呢？

人际关系理论家需要认真反省的是，你们认为的尊重，其实是对人的不信任。换句话说，你们认为的"Y 理论"实际上是"X 理论"[①]。麦格雷戈也用亲身经历证明，该理论本身是错误的。人类并不像你们以为的那样愚蠢或无能。

使人们丧失能力的有人际关系理论，还有错误的经营管理理论。因为它们为人们提供了过度保护，并麻痹了自我保护的本能。人类是一种复杂的动物，当他们获得幸福感和满足感时，就会停止进步；当他们获得安全感时，就会停止努力。"完善的社会保障体系使人们变得不愿意工作"，这是英国经济破产的原因之一。这其中包含了值得我们深思的教训[②]。

---

① 美国心理学家、管理学学者道格拉斯·麦格雷戈所倡导的一种激励理论。它建立在 X 理论和 Y 理论之上，X 理论指出"没有强制或命令，人们就不会工作"，而 Y 理论则指出"人们会自愿为自己的目标而奋斗"。
② 20 世纪 60 至 70 年代的英国，发展了被称为"从摇篮到坟墓"的社会福利制度，对关键性产业进行了国有化改革。但是，英国经济状况每况愈下，国际竞争力不断恶化，以致到了 1976 年，不得不接受国际货币基金组织的援助。

如此看来，真正的人际关系与人际关系理论者所宣称的有所不同。"玉不琢不成器"，就如同越是爱孩子，就越是让其展翅高飞一样，这才是真正尊重人的原则。这是经过人类智慧筛选且保留数百年的表述，是经历了时间考验的真理。

如果我们真正尊重员工的话，我们为什么不能信任他们，寄希望于他们内在的潜力，赋予他们自己都没有预设的崇高目标，并让他们承担重任呢？我们为什么不能期待他们的表现呢？如果他们没有能够承受住考验，自然是没有办法的事情，但是如果连这样的尝试都没有做，仅仅根据其他人的评价来判断一个人的能力，是对人的不信任。这种不信任带来的伤害，不仅会伤及被判断的人，还会伤及做出判断的人。笔者的这个论断不仅是基于已经列举的几个案例，也基于其他的许多真实案例，以及许多优秀公司的员工管理理念和成就。

基于以上想法，笔者会要求人们去做他们认为不可能做到的事情，而且会告诉他们："正因为困难，所以我才拜托你，否则我就不会拜托你。"这才是对人的信任。这样的要求呈现的是期待：我也承认非常困难，但是我并不知道你有多大的潜力，或者说，我相信你有巨大的潜力，所以我才会把非常困难的工作托付给你。

在提出有难度的工作要求时，重要的是要向员工清晰解释"企业目标的本质"，并反复强调在严酷现实中生存的决心和饱满的精神态度的重要性。如果你这样认真做了，肯定可以说服所有人。笔者在课堂上就是这样做的。当笔者询问学员的课后感想时，十之八九会回答，"我太缺乏对严酷现实的认识了"，"我还是想得太天真了"，"我一直以为社长的要求不合理，但我意识到我错了"。

员工有了这样的认知，也就有了面对困难的心理准备，"从今天开始，我将重新下定决心，履行我的职责"。通过认识企业生存状况的严酷性，通过了解高层管理者的目标意图，员工可以明确理解自己应该承担的角色，也就有了心理准备，不论目标是否符合自己的想法都愿意竭尽全力。

这是一场思想革命。思想革命之后，行动就会明显发生变化。笔者曾经历 M 公司的转变。当时 M 公司正在推进同步计划的宣传工作。此前因为产品的数量不多，所以进行了批量生产。随着新机器的加入，产品数量将增加两倍，因此他们决定使用流水线生产。

生产技术部门按常规进行了仔细的考量，还提出了一些相当大胆的改进计划。在第一次讨论会上，制造部门的负责人对改进计划提出了反对意见："按照设想，这个计划需要的工人数是 32，但这样无法实现我们部门的附加价值目标。为了达成目标我们需要减少 3 个人，用 29 人来完成工作。因此，我们不能接受这个提议，请进一步改进方案，将人数减少到 29 人以内。"该负责人把提案退回了生产技术部门。

正常情况下，生产技术部门提出 32 人的提案，制造部门不可避免地会提出异议，理由可能是各种各样的，如部门不可能放这么多人，或者没有考虑哪项条件，忽视了某些因素，等等。经过两个部门的一番讨价还价，最后确定下来的有可能是 34 人。

笔者一直在定期访问 Y 公司。有一天，公司社长对笔者说："前些日子，我被材料科科长教训了一顿。劳资科科长没有多考虑就把 1 名新员工调到了材料科，这当然是劳资科科长的失误，因为我今年给材料科的目标之一就是年内减少 3 名员工，材料科经过努力终于减少了 2 名，正在苦心努力再减少 1 名时，又被增加了 1 名，自然是非常恼火。于是材料科科长质问劳资科科长：'你是怎么领会公司目标的？'并且强烈要求取消人员派遣。这还不算完，他又跑到我这个社长面前兴师问罪，教训我的'不当行为'。听着材料科科长的教训，我真是由衷地高兴，真恨不得每天都能受到这样的教训。"

这样的场景，在正常情况下是不会发生在一般的公司的。有些读者或许认为这是编造的故事，不可能是真实的。这样的怀疑非常容易理解，但笔者不得不说的是，这是真实的案例。

笔者遇到了 T 公司的制造科科长，该科长对笔者表示："听了您的讲座，我做了深刻的反省。过去，我一直在给自己的能力设置上限，负责人尚且在给自己设上限，那么下属自然认为做不到也是可能的。'管理者的责任就是将不可能变成可能'，您的这句话，对我而言如同当头一棒，我被打醒了。我向上司和下属表达了我的决心，我告诉下属，今后我会提出看似不可能达成的目标，他们可以对我畅所欲言，为此，我们每周下班后开一次例会。这样执行了两个月之后，我们的产量增加了，残次品率下降了，员工士气高涨。我们每周一次下班后的例会不是强制性的，但几乎没有人缺席。在会上，针对我的不合理要求，员工们不断提出积极的解决方案，大家集思广益，目标就变得越来越可执行。我现在认为，如果上司不能对下属提出不合理的要求，那他就是失职的，因为这意味着他既没能看清局势的严峻，也没能履行自己的职责。"

上面给出的三个案例，就是笔者提出的"人力理论"的部分佐证。这些证据支持了笔者的论断，即人类并不像人际关系理论家认为的那样愚蠢或无能。经过思想的革命，人们的思维方式和行为方式会发生改变。笔者相信思想革命是决定人际关系的基础，真正的变革动力应该是可以带来思想革命的。

人类行为最重要的动力是自我保护的本能。比起寒冷和情爱，人先在意的是食物。众所周知，在发生火灾时，人可以迸发出难以想象的巨大力量，这就是自我保护的本能力量。今天，企业面临的客观形势日趋严峻，瞬息万变，无法适应这些变化的企业很快就会破产。当企业的员工认识到这个现实，意识到如果沿用传统的方法和思维方式企业注定会消失时，员工们的态度就会发生巨大改变。这是源于自我保护的本能，这个本能会下达非常有力的指令。这就是思想革命，它从未像今天这样重要。

第三章 应设定目标的经营领域

3.1 单一目标危及企业安全

彼得·德鲁克的"八个业务目标领域"包括市场地位、创新、生产力和贡献价值、物质和财政资源、盈利能力、管理人员的能力和发展、工作人员的能力和态度,以及社会责任。

关于"目标领域",彼得·德鲁克在他的《管理的实践》一书中论及"八个业务目标领域"时有详细解释。参考德鲁克的论述,笔者尝试做出自己的解释。在书中,德鲁克对"单一目标"做了如下陈述:

今天,关于设定明确目标和进行业务管理的讨论非常活跃,值得注意的是,多数论述者都在试图为企业找出一个明确的目标,但笔者想要强调的是,这种努力与炼金术士寻找"点金石"(据说具有将普通金属变成黄金的能力)的徒劳努力类似,基本没有意义。更明确地讲,这样的努力不但徒劳,还会制造问题,让很多人误入歧途。

例如,只把利润作为企业目标加以强调的话,会误导管理层，并最终危及企业的生存。因为只强调利润往往会导致管理层只关注眼前的利润，而忽视企业的未来。强调利润，很可能驱使管理层将注意力集中在眼前可以轻松销售的产品上，而疏于对未来市场的思考，又或者可能推迟不太迫切的投资，如新产品的研发和技术设施的改进等。尤其是，企业会倾向于避免难以获取利润的增资，这可能导致设备过时，甚至引发危险。因此，只强调利润会造成低质的企业管理。

不仅仅是利润，我们常常能够看到的还有将提高销量当作企业唯一目标的。在这样的企业目标引导下，销售员就会想方设法通过打折的方式来增加销量，而制造部门则会将不符合销售目标的零件外包生产。

不仅仅是业务目标，从上级指导的角度来看，只有一个目标会导致效果不佳。笔者见过的一个案例是，某公司社长有一个工作方针，叫作"各个击破主义"，即彻底攻克一个目标之后，再进军下一个目标。下属们都明白了他的做派，于是在日常工作中，如果材料成本高，就会报为外包成本或者模具费，运费高的话，就会记为维修费或者变相的差旅费，这样一来反而不易管理。像这个案例显示的

一样，如果只有一个目标的话，大家就会寻找逃避的出路，进而偏离轨道。因此，

管理企业就是要在企业的各种需求及各种目标之间取得平衡，这首先需要良好的判断力。寻求一个单一的目标就像寻找一个神奇的公式，会让这种判断变得没有必要。但是，试图用公式代替正确的判断永远是徒劳的。我们能做的是缩小选择范围，明确问题所在，通过正确衡量决策或行动的有效性来实现客观判断。为此，鉴于企业的性质，必须确立数个目标。

——《管理的实践》

这些目标应该有哪些内容呢？德鲁克给出了答案。

那么，这些目标应该是怎么样的呢？答案只有一个，对企业的生存和繁荣有直接和重大影响的所有重要领域都必须设定目标。重要领域指那些受业务决策影响的领域，因此在制定任何业务决策的过程中，我们都必须认真考虑各项目标。重要领域从各个角度阐明了企业经营的意义，并且明确显示企业应该如何实现各项目标。这些重要领域

的目标必须能够实现以下五个可能：

（1）简明扼要地表达项目的所有内容；

（2）结合实际经验对上述表达做出判断；

（3）预见业务的必要行动；

（4）在做出决定之前，准确评估这个决定；

（5）能够判断自身行为的合理性，能够为以后的发展确立方向。

"企业的目标就是追求最大利润"这个理论必须放弃，因为这个理论无法实现以上五个可能里的任何一个。如果稍加考虑，或许会认为，每个企业的重要领域都有不同，因此，不可能制定适用于所有企业的理论。然而，现实情况并非如此。当然，有些企业会特别强调某些重要领域，其他企业有可能会强调其他重要领域。此外，即使是同一项目，根据发展阶段的不同，重视的领域也会不同。在任一家企业中，无论经济状况如何，无论企业的规模和发展阶段如何，有些领域的重要性是始终不变的。从这个意义上讲，每个企业都有八个领域是非常重要的，这八个领域中的每个领域都必须设定努力目标。这八个领域是市场地位、创新、生产力和贡献价值、物质和财政资源、盈利能力、管理人员的能力和发展、工作人员的能力和态度，以及社会责任。

——《管理的实践》

在上述内容里,"简明扼要地表达项目的所有内容"尤为重要。有这样一个案例:在某家公司,笔者曾看到过一份长达100多页的经营管理计划书,写得非常详细。当笔者从计划书中挑选出重要的管理目标并向该公司的高级管理人员提问时,他们几乎无法作答。在经营管理计划书中计入过多的细节,不但没有好处,还会像这个例子显示的一样,模糊了最重要的内容。于是,笔者建议他们用简洁的文字概括重要事项,限制在15页之内。之后,该公司的经营管理计划书变得更加简洁易懂了,重要事项也得到了彻底的落实。

德鲁克意识到在目标的八个领域中,最后三个比较麻烦,因为它们是关于人的定性目标(原则和价值观的问题),而不是定量目标,因此,他提醒到这三个领域经常会被回避。正因为公司是由人组成的共同体,所以把人的问题弄清楚,把人的管理具体化,也是管理者的职责。

目前,日本大多数公司的管理者并不知道应该怎样把人的管理具体化,往往把工作交给公司的教育和培训部门。

于是，虽然公司有真实的需求，但是由于管理者没有明确的员工培养目标，所以这部分工作就大多委托给外部专业机构，通过低层次的、概念化、形式化的课程勉强凑数。

在这种情况下，培训部门的负责人虽然工作辛苦，却收效甚微。想要培训能够有效，需要管理层有明确的发展目标，缺乏这个目标，培训的效果是无从谈起的。而培训中最重要的部分一定是主管通过具体工作提供的体验式教育，而不是外部导师提供的培训。用工作进行教育，用职责完成培训，人只有通过身体力行，才能真正掌握所学。

无论是选择看书学习，还是选择跟随外部的讲师学习，都是没有问题的。但是，这些教育只有在人经历了各种疑惑，体会到了学习的必要性时，才能真正发挥作用。如果本人没有学习的欲望，书本和讲座都不会有效果。

3.2　市场地位

市场地位简单讲就是指市场"占有率",它是一种产品占行业总销售额的百分比。

我们先要知道,"公司的销售额在增长,所以公司在成长"的想法是错误的。因为销售额的增速如果低于整个行业的增速,那么公司的市场份额就会下降,也就是市场占有率会下降。被增长的销售额冲昏了头脑,注意不到市场份额下降的话,公司会很危险。

这是因为市场占有率对公司而言是生死攸关的问题,市场占有率下降的话,公司在行业中的地位也会下降。市场占有率低于一定比例的企业被称为边际生产者(他们的商品是边际商品)。关于这个百分比具体是多少,根据行业类型、业务类型和地区的不同,存在差异,没有确切的数字。但低于一定的百分比就会被称为边际生产者,笔者通常使用10%作为一般的标准。

当一个企业成为边际生产者时,首先,它就失去了对商品价格的自主权,只能被其他有优势的同行的定价政策左右。其次，成为边际生产者意味着对抗各种波动的能力减弱，例如当经济陷入衰退时，分销商开始削减库存，会先停止购买边际生产者的商品。发生这种情况时，边际生产者的销售额下降幅度会超过终端需求的下降幅度，那么其利润状况自然会极度恶化，甚至其市场活动也不会像预期那样进行。这会导致销售额进一步下降，从而进入恶性循环。即使经济复苏，分销商也会先增加采购大型制造商的产品，而让边际生产商退居其后。每当经济衰退，优秀企业和边际生产者之间的差距就会扩大，而边际生产者的归宿就是破产。

经济衰退以外的波动也可能导致边际生产者的破产，大师牌钢笔（Master 钢笔）生产商的倒闭就是一个典型案例。它倒闭的原因就是钢笔市场的自由化。随着钢笔市场的自由化，万宝龙、舍费尔等名品相继进入日本市场，然而，百货公司和文具店的陈列柜尺寸没有变化，因此经销商开始撤掉大师牌钢笔等边际生产商的产品，为万宝龙和舍费尔腾出空间。就这样，大师牌钢笔卖不出去，最终企业走向了破产。

"兰彻斯特法则"让这一情况法则化，即所谓"公司的风险与公司规模的平方成反比"。换而言之，如果公司规模减半的话，风险就会翻两番。这是一条有利于强者的法则。第二次世界大战后，每个行业都涌入大量的企业，随后发生的事情众所周知，许多企业被逐渐淘汰，寡头垄断不断发展，这是兰彻斯特法则的现实例证。即使是当下，寡头垄断仍在不断进行。

许多中小型企业经营者对市场占有率并不怎么重视，有些生产企业可能难以掌握全行业的数据。就加工业而言，有些企业的产品是依赖母公司购买的，不需要本公司负责销售，也就不易把握本行业的市场状况。然而，真正的原因是管理层对市场占有率的认识不足。这是中小企业实力弱化的主要原因之一。如果对市场占有率有清晰认识的话，企业经营者就不会强调自己的节奏，也不会对企业该有的员工数没有准确的判断。

即便企业从事的是加工业，也不能仅仅因为是加工企业就觉得可以高枕无忧。就加工业而言，问题的关键在于母公司。加工企业需要考虑母公司的经营状况，必须认识清楚的是母公司是不是行业的龙头企业，如果不是的话，那么在不久的将来是否有可能会沦为边际生产者。母公司的命运对自己公司的业绩有着重大影响，最坏的情况下，自己的公司有可能会被迫与母公司一起破产。因此，只要经营者有市场占有率的概念，即使无法获得该行业的确切数字，也应以某种方式尝试获得粗略估计的数字，而这样的努力一定会得到相当好的回报。

通过这样的预估，我们就不得不直面公司所处的地位，进而也不得不思考：公司目前的状态是可以维系的吗？我们必须清醒地认识到，不论在怎样的情况下，市场占有率的下降都可能导致公司破产。

公司越大，经营管理者越优秀，就越会重视市场占有率。1965年发生的"住金问题"（为了应对不景气而调整钢铁产量时，住友金属公司的日向方斋社长强行推行基准事件）的本质不仅仅是销售问题，而是占有率的竞争问题。

事件的起因是，当时业内大部分人认为钢铁产量基准应该以"前一年下半年"的业绩为准，但日向社长表示，应该以"今年上半年"的业绩为基准。住友金属公司是业界的后起之秀，当时公司为了提高市场占有率，赌上了公司的命运，大力扩建了和歌山制铁厂，并迅速提高了市场占有率。这一次的调整是在公司处于快速上升期进行的，对住友金属公司而言，以"今年上半年"为基准的话，就能获得一个相当高的市场占有率基准。

住友金属公司与其他厂商的市场占有率争夺战就此展

开。以住友金属公司的立场看，如果听从业内大多数人的意见，他们的份额就得退回到前一年后半年的份额，那么他们好不容易才拿到的市场份额就无法维持。这是他们无论如何都无法接受的，因此，尽管受到各方的批评，日向社长仍强行坚持他的主张。

在钢铁行业，川崎制钢社的社长西山弥太郎和日本银行总裁一万田尚登之间也曾经发生过争执，涉及的是川崎制钢社在千叶建设钢铁厂的问题。当时一万田总裁愤怒地说："我要让你千叶长满杂草！"这场争执的实质，也是因为后起之秀川崎制钢社为了扩大市场占有率而采取了孤注一掷的政策。

不仅在钢铁行业，在家电、汽车、水泥、食品等各个行业，设备竞争本质上都是市场占有率的竞争。一个公司输了这场竞争，就只能消失。因此，无论外界如何评价或批评企业经营者，只要是涉及市场占有率的竞争，就没有退路。在这个战场上，除了拼命争取占有率，别无生存之道。

零售业也是如此。百货商店在相互竞争占有率，大型超市也在相互竞争占有率。不过，这还不是事情的全部，在百货商店和大型超市，以及一般零售商店之间，还存在着三方和四方的市场份额争夺战。在那里，兰彻斯特定律也在发挥作用，寡头垄断正在不断发展。

制造业、零售业、批发商业……各个行业都真正进入了"大战"时代，一个只对自己公司内部的事情感兴趣的经营者是没有生存的权力的。市场份额的激烈竞争加上市场变化、消费者变化、技术革新等，催生了成长型公司和衰退型公司（衰退型公司是市场份额下降的公司），催生了成长型行业和衰退型行业。总的来说，占有率下跌是倒退进而走向破产的一种形式。

公司的占有率是多少，是上升还是下降？公司的客户是成长型公司还是衰退型公司？这些问题都非常重要。若是有衰退的迹象，无论是自己公司，还是客户公司，都需要认真对待。在这种情况下，只有两种选择：一个是采取提高市场占有率的措施，另一个是告别衰退的行业或是衰退产品。到底应该采取什么手段，视具体情况而定。判断情况并决定做什么或不做什么将决定公司的未来。

以上是关于占有率下降的危险，同时需要关注的是，占有率过高也有危险。如果占有率超过一定范围，就有可能因为没有强敌，不思进取而面临风险。在没有强劲的对手的情况下，公司往往不重视创新，且忽视客户服务的质量，于是，客户的不满情绪不断累加，开始期待出现新的供应商。一旦出现新的竞争者，客户就会迫不及待地换掉眼下这个不思进取的供应商。

某公司的销售经理曾经给我解释过"产品越是垄断越容易被整垮"的缘由。垄断企业很容易被新的竞争者控制，因为其应对经济波动的能力较差，一旦开始走下坡路，就有倒闭的危险。一个公司，既不应该低于某个市场地位，也不应该高于某个水平。企业要时刻关注市场地位，为巩固市场地位设定目标。如果发现了下降的迹象，就需要采取措施，不要失去机会。换言之，企业需要的市场目标是市场活动的目标，是衰退产品的处置目标，或者说是摆脱衰退行业本身的目标。

3.3 创新

创新是一种旨在提高企业绩效和改造非合理化的结构性变革。合理化意味着精简现有的东西或降低成本。因为笔者过去的工作专长是生产技术（IE），因此深知合理化本身的重要性，明白它是管理的有力武器。

然而，合理化并不是促使企业发展的"决定性手段"，如果过于热衷于合理化进而患上效率病的话，反而会对企业产生不利影响。事实上，如果提高效率，就会减少工时，降低成本。但是，合理化对特定产品的影响会逐渐减弱，那么为了精简而投入的资金和费用会不断增加。由此可以看出，合理化是有局限的，而且其局限性是非常容易显现的。

随之而来，企业内部成本必然会增加。一开始，成本可以通过合理化来抵消掉，然而，渐渐地，执行变得越来越困难，最终企业会无法承担增加的成本。与此同时，产品的价格下降也加大了负面影响，被逼入困境的企业会进一步努力提高合理化水平。但是，因为已经接近极限了，效率无法再提高，只能任凭绩效低下。笔者看到过不少这样的企业。

一个更大的问题是，合理化和精简并没有阻止商品需求的下滑。商品需求的下降是由公司外部市场变化引起的。令人意外的是，很多人并没有意识到这个情况。任何产品都不可避免地会过时，区别在于每个商品的寿命长短不一，其中，有像呼啦圈这样的只有六个月短暂寿命的商品，也存在有 70 年寿命的商品。

商品需求下滑的迹象始于竞争加剧。如果竞争加剧，产品不降价就卖不出去。这就意味着商品的盈利能力开始下降，长此以往，其销量就会逐渐触顶，然后转为下滑，并且下滑的速度逐渐加快。

1967 年春天，经济呈现一片繁荣景象，然而"日薄西山"的摩托车行业出现了产量急剧下降的情况。以某厂家为例，三个月内产量下降了一半多。当遇到这种情况时，不可能有更高的效率，这就是"夕阳西下"的现实。

我们现在所说的工商管理（其实大部分是组织管理理论和效率技术理论，而不是工商管理）对客观形势的变化不起作用，只关注内部事务，致力于提高效率和降低成本。太多的讲师都在教学时强调这一点，似乎这是经营企业的正确道路。以这种方式误导企业人员不仅会抵消效率收益，还会带来许多负面影响。

如果企业管理层只注重内部效率而忽视对外部情况的关注，无法应对变化，公司一定会走向破产。管理者的正确态度必须始终是将注意力放在外部，始终思考如何调整内部系统来应对变化，应该如何设定、开发盈利的新产品来替代衰退的旧产品，应该用什么样的目标来选择高效的新销售渠道来替代陈旧的销售渠道。这些结构变革就是创新。如此看来，与其说创新是进攻性的，还不如说是防御性的。

企业管理层的工作重心应该始终在未来。为了建设企业美好的未来，管理层始终需要密切关注的是现在必须做的事情是什么。这个建设美好未来的任务是一项极其艰巨的任务，非管理人员是非常不容易理解的。

企业各部门的责任人最重要的态度之一就是，要明白管理层的作用在于开拓企业未来的业务，要切实理解他们的困难，努力避免给管理层带来不必要的内忧。这是各部门责任人应该做到的最主要的辅佐工作。传统的管理思想灌输了一种完全错误的理念，即管理者必须更仔细地审视公司内部。这样错误的理念弊端非常大。

现实情况是，企业各部门责任人常常会发出的声音是"请高层多看看公司的内忧"。笔者所到之处，最常见的抱怨之一也是"高层缺乏理解"。笔者认为，这是因为部门管理者对高层管理人员定位的不理解。之所以需要部门责任人，正是因为企业高层管理者没有精力照顾公司内部的细节。部门负责人必须清醒地正确理解这一点。各个部门的负责人应该先将注意力集中在高层管理人员身上，但传统的管理理念却是只关注下属。这个错误不容小视。

最常被遗忘的创新之一是销售创新。产品即使再好，如果卖不出去也只是废品。公司的利润依靠销售，在产品被销售之前，它只能产生费用。产品一旦被生产出来，就会转化为销售价格，并记录成为资产。这样的会计理念只适用于税务局，绝对不适用于企业。

销售队伍薄弱的企业不仅不会成长，反而会衰落。如果认为自己的公司是分包商，觉得无须专注于销售活动的话，那就大错特错了。分包商的销售活动必须活跃，承担有利的工作，裁掉不利的工作。

在某个成长型行业中，笔者见到过这样一家公司，它处于没落的阶段，总是在盈亏之间"徘徊"。公司的用人政策是，把优秀的员工分配到生产部门和总务部门，把绩效差的员工分配到销售部门。这家公司历史悠久，拥有高科技，却徘徊在停滞线上，如果改变原则，将销售放在第一位的话，其经营业绩将在短时间发生翻天覆地的变化，跻身优秀企业行列。

比起理论来，实证更重要，优秀的企业总是赢在销售上，公司管理高层里有"销售大神"的话，这样的公司总是最强的。松下电器有松下幸之助，丰田有神谷正太郎，索尼有盛田昭夫，本田技研工业有藤泽武夫。如果公司业绩没有改善，那么一定要问问自己"公司的销售队伍是否足够强大"。

成为优秀企业的条件最终可以归结为两个：第一个条件是能够开发出高利润的产品，第二个条件是产品能够卖得好。一言以蔽之，就是产品研发和销售的创新能力。因此，创新的目标是所有目标中最重要的，失去创新内容的企业目标就如同跑了气的啤酒一般，非常乏味。

我们需要非常清楚的是，创新的进展非常缓慢。事实上，优秀的公司的今天是前辈十多年前，或者二十多年前努力创新的结果，眼下，公司可能就是靠这些"遗产"在过活。如果今天的我们在创新方面懈怠，忽略了为未来打造基础，那么公司最终会走向没落。只有那些不断努力、不断创新的企业才能生存下去，并在行业中占据领导地位。创新之路任重而道远，罗马不是一天建成的，必须时刻保持超前五年，甚至超前十年的思维，不断创新。笔者特别想要强调三个重要事项，以推动企业的创新工作。

第一，负责创新工作的部门要独立于其他部门。如果无法分部门的话，就必须设立专职人员。如果不将创新部门与其他部门分离的话，创新就会变得很难，容易被忽视，因为员工可能会倾向于做擅长的工作。而且，创新没有进展时，"工作太忙了，无暇顾及创新工作"就会成为逃避责任的借口。

真正重要的还是企业高层的态度，管理层设立独立的创新部门，并且委任专门的负责人，这个举动本身就表明了高层管理者的决心。在需要的时候，也可以将创新部门设立为高层的直属部门，或许就应该将创新部门设立为高层的直属部门。这才是高层最应该做出的决定。

第二，创新部门责任人的人选非常重要，必须是有能力的，且适合这个部门的人才可以。如果每天只是从事重复性的工作，有能力的人和普通员工之间并没有太大区别，但在创新方面，人才和庸才存在很大的差异。我们经常看到的案例是，庸才负责创新工作，不但事与愿违，缺乏成效,就连负责人也变成了创新的负担。

创新的成败在于人,创新不可能按组织的工作方式进行,而是取决于特定个人的能力。组织创新部门很重要,但认为创新会因部门的组织化而进步,是错误的。没有发挥核心作用的人才,就无法实现创新。

因此,创新部门的负责人必须选定企业最优秀的人。如果他的离开会导致其原所属部门"损失惨重",就更应该果敢地任命其为创新部门负责人。这是非常难决定的,但最高管理层必须做出抉择,因为它决定公司的未来。高层必须坚定地避免为错误的人际关系和虚假的温情所困。

第三,集中目标非常重要,应该将资源和精力集中在最少的目标上。笔者曾经遇到过一个公司的例子,就是一个典型的反面案例。该公司只有15名研究人员,却承担了80个研究课题,可想而知所有内容都只是浅尝辄止,进展甚微。其中一些课题原本在四年前就应该完成了,但是仍旧没有被舍弃,尽管它们已经过时且毫无意义。这就是上层管理出了问题。更令人吃惊的是,这家公司不仅用出售土地的利润来填补其巨额实际亏损,还用这笔资金支付公司的股息。

创新的领域和研究的对象按理说是越多越好,但可以肯定的是，一次性全部尝试的话，是没有意义的。实际操作应该是从备选内容里精挑细选，缩小到不能再小，并决定优先顺序。美国的太空计划就有一个明确的进度表，这就是典型的"时间进度表法"。一般而言，最好选择"时间进度表法"或承担全部责任的"项目经理法"。进入实际应用阶段时，"时间进度表法"尤为重要，在这一点上，索尼的例子非常有借鉴意义，这家公司通过坚持专注的原则取得了巨大的成功。

"追两只兔子的人永远抓不到任何一只"，这句话同样适用于现代企业的创新。开发新产品难，开拓新销售渠道也难，然而，最难的还是掌握"舍弃"这个创新能力。比如抛弃成本高、利润不高的产品，切断陈旧的销售渠道，放弃只有小额交易的客户和有危险信号的母公司等这些都是非常困难的。

这些"舍弃"之所以困难，源自对产品的依恋、与客户的关系和对利润的不舍。正因为如此，更需要"舍弃"的勇敢决断。企业管理者始终需要面对这些"艰难的决定"，试图逃避这种痛苦的最高管理者是不合格的。企业各部门的负责人也必须理解最高管理者的难处，协助他们做出正确的决策。只看下属脸色的部门负责人也不是合格的。

如果认为创新的目标对大公司是必要的，对中小企业不必要的话，那就错了。更准确地讲，正因为是中小企业，更需要明确创新的目标。无论是资金实力、技术实力、销售队伍还是人力资源，较之大企业，中小企业在各方面都处于劣势，因此，其出路就在于大力谋划创新。创新是中小企业对抗大企业压力的有力武器。

除了保持经营自主权、赚取丰厚利润和完善内容，中小企业别无生存之道。关于创新，中小企业可以毫无困难地规划和推进，这是其强势所在。中小企业有能力快速捕捉到市场变化和需求，因此也具备快速应对的能力，关键在于充分发挥"船小易掉头"的小规模管理优势。

3.4 生产率

生产率是努力与成果的比率。生产率上升就是更少的努力获得更大的成果，用公式表示如下：

生产率 = 产出 ÷ 投入

虽然有这样的计算公式，但事实上可以计算和衡量的只是定量的生产率，而不能用这个公式来衡量定性的生产率。即便是量化的生产率计算，其实也并不全面，存在着一定的缺陷和局限性。尽管如此，我们仍然可以利用这个公式来发现提高生产率的措施，而且也可以非常清楚地理解生产率的目标。

什么是企业的产出，什么又是企业的投入呢？公司是购买原材料并且进行加工和销售的地方。如果用500万日元买进材料，加工成1000万日元的产品，并且销售的话，加工费就是500万日元。用公式表示的话，就是：

材料费　　　加工费　　　销售额

500万日元 +500万日元 =1000万日元

这笔500万日元的加工费是公司的真实收入，这是企业创造的经济价值,即企业的产出,一般被称为附加值。之所以这样称呼,是因为它是企业增加到外部价值(即材料)上的经济价值。由于从外部购买的材料是在公司以外创造的价值,所以这部分价值需要从销售额中扣除,否则无法判断公司创造的真实价值是多少。

对于贸易公司而言,附加值是销售价格和采购价格之间的差额,一般常用的术语有毛利或者边际利润。为了解释方便,一般用材料成本代表外部价值,外部价值其实是包括材料成本、外购商品成本、外购手续费等服务成本的总和。

回到前面的例子,如果公司花费了 200 万日元的人工成本和 200 万日元的经费成本获得了 500 万日元的附加值的话,利润的计算方式如下:

附加值　　　人工成本　　经费成本　　利润
500 万日元 -（200 万日元 +200 万日元）=100 万日元

这里的人工成本和经费成本被称为公司的"内部成本",因为它们是在公司内部产生的。这种内部成本就是"企业努力的成本",是总投入量。用文字定义附加值:它是一家公司通过销售产品或服务获得的销售额减去从外部购买材料的成本和公司内外的服务成本后的数额。

需要说明的是，外部价值与内部成本具有不同的特性，理解这一点，对于提高生产率非常重要。外部价值具有与销售额成正比增减的特点。销售额增加30%会带来外部价值增加30%，销售额减少20%会导致外部价值减少20%。因此，外部价值被称为"可变成本"或"比例成本"。

内部成本不会随着销售额的增减而增减。即使销售额增加20%或减少30%，内部成本的金额有轻微的增加或减少，但基本保持不变。相反，内部成本与工作周期成比例地增加或减少。如果工作周期加倍，内部成本也基本需要加倍。内部成本不随销售额增减而增减，而是与工作周期成正比，而且是固定需要发生的成本，因此被称为"固定成本"或"非比例成本"。

现在让我们回到上面给出的生产率公式。企业的生产率可以表示如下：

生产率 =（产出／投入）=（增加值／固定成本）

这个公式是除法，所以，如果希望提高生产率的话，有以下两个方法：

（1）增加分子的数值，即增加附加值；

（2）减少分母的数值，即减少固定成本。

我们先考虑增加附加值的方法，可以想到的措施有：

（1）增加销售额；

（2）低价购买原材料；

（3）提高材料成品率；

（4）通过变更设计和标准化降低材料成本率；

（5）降低外包单价。

然而，采取这些措施，最初阶段是有效的，但很快就会达到极限，因为很快将无法支付不断增长的内部成本。然而，传统的生产效率概念并没有考虑到这一现实，或者更确切地说，根本没有意识到这一点。然后，它像一匹主力马一样，屈服于效率，为低利润哭泣。他们认为利润低的原因是缺乏效率，所以他们热衷于提高效率，陷入了一种完全错误的思维方式。笔者对于那些主张提高效率，进而让大家陷入僵化的讲师充满了愤怒。

通过提高效率来持续创造必要的附加值，这件事情原本就是不可能的。为了持续确保必要的附加值，需要做的是结构性改革，即不断引入高利润产品，并淘汰无利润产品。在关于创新的论述中，笔者已经强调过上述推陈出新的主张。在这里，笔者再次强调这一主张，是因为在现实中大家对正确的思维方式了解甚少，沉迷于提高效率而陷入泥潭。笔者看到过太多这样的公司，它们往往对自身的错误缺乏认知。

如何降低企业内部成本？我们需要理解的是，减少企业内部成本的绝对值是非常困难的。相反，企业内部成本往往会以非常快的速度增长。因此，企业常常会采取各种措施以各种方式阻止其增长。这就是"降低成本"和"优化直接和间接成本比率"。但是，大部分公司的这类努力都收效甚微，究其原因，一是不知道实际成本是多少，二是采取的措施技术性太强。

谈到成本，重要的是企业成果与成本的比例，而不是成本的绝对数额。减少成本开支，如果阻碍了附加值的增加，那也是没有意义的。从这个角度上讲，我们要强调的是关注未来的项目成本。未来业务涉及的人力资源和费用，应该以创新为目标进行管理，而不应该仅仅以降低成本的想法来对待，简单粗暴地削减未来的业务开支会危及公司的发展。现实是，这种危险的成本削减无处不在，而且这往往是因为指导原则存在缺陷。当下的经营管理指导原则中存在太多的缺陷，其实，我们应该秉持的态度是，尽量节省其他开支，把节省下来的开支投入未来的事业中。

除了未来的业务费用，我们应该如何看待其他费用呢？费用分为可控的费用和不可控的费用，房租、地租、税金等不可控的开支是无法节省的，而且，无法控制的成本占费用的相当大一部分。剩下的可控费用的项目很多，而且每个项目的金额都没有那么大，因此，即便想要节省，也不会是太大的金额。这就是即使企业设定了"降低10%的成本"的目标，也不容易实现的原因。

某破产公司在其破产前两年的时候，社长制定了一项"业务恢复计划"，将开支削减了近100%。于是，一支铅笔、一个信封的使用都被控制，关键是公司却没有什么可以增加附加值的项目，最终破产的结局也就无法逃避了。更准确的表述是，这样的公司不倒闭才是奇迹。

任何期望通过削减成本获得经济成果的人都是无知的。节约经费只是日常的企业"纪律"而已。在经济衰退期间，节约成本会变得非常普遍。但是，这样的操作，跟坊间传闻一样，过些时日就没人在意了。

成本这个东西不是用来节约的，而是用来"削减"的，必须用消除的方法处理，否则没有太大意义。削减意味着停止某项活动，当然，节约的成本并没有那么多。但它的意义非常重要，因为它与接下来提及的间接人员的减少密切相关，并且可以在这方面期待更大的效果。

不知是幸运还是不幸，企业的许多活动是可以而且应该被取消的。日常工作中，很大一部分都是事后处理的工作。我们无论处理得多好，都改变不了已经成为事实的数字，一分钱也改变不了。相反，我们应该将精力集中在可能产生良好数字的活动上。此外，日常工作还包含很多不必要的、目的不明的统计、报告等，还有用于检查发生概率很小的错误的内容等。为什么需要保留这种琐碎且数量庞大的记录？这既有为了"逃避责任"而保存的记录，并且其数量惊人，也有"上级没有要求的报告"，它通常被制作得非常小心。但无论多么用心制作，如果对方不看的话，岂不是等于没有？

事实上，可以削减的活动比我们想象的要多得多，我们需要对这一部分内容"开刀"。在这样的情况下，技术方法应该是严格禁止的。最好的办法是先收集单据、账簿、报告、统计图表、控制图表等，然后边看边思考，判断是否有必要，不需要的东西就果断砍掉。做不到这一点的管理者，只能质疑自己的资质了。

我们应该明白的是，越是合理的、现代的管理方法和制度，就越容易包含不必要的内容。减少不必要的活动最直接的结果就是可以减少间接人员。日本企业的间接人员太多，这个问题的大部分原因在于从美国引进的管理方法。

真不知道这样的管理目的何在。这种管理方法的问题在于，以合理的理由引入不必要的系统和控制，并且引入得太多。这导致间接人员过多。当试图削减一部分多余人员时，又会被指责职务分析没有做好。这的确有些让人瞠目结舌。

即使做了职务分析，大概率还是会在削减间接人员时失败。因为即使做了职务分析，也找不到减少人员的数据。只要是本人填写的工作调查表，就一定会对自己有利。每个人都会把工作内容填写得特别充实。作为专业的调查人员，需要先了解人的这种心理。

基于职务分析，我们提出改进方案，并且计划减少人员，那么肯定会遭到相关人员的强烈反对。因为如果一言不发地接受改进方案的话，就等于是承认自己一直以来，都在以一种低效的方式开展工作，并且雇用了多余的人员。

这种反应是出于人类心理的本能部分，但强调效率的理论家和人际关系理论家都鲜有涉及，在他们的理论中，这是一片空白区域。除去这两种理论，忽视心理问题在当前的其他管理理论中也非常多见。这是造成各种混乱的主要原因。

我们盲目相信的管理学理论，其实充满了错误、漏洞、空白和矛盾。当工作进展不顺利时，我们往往会归责于相关人员和上级的不理解，这是陷入困境的原因。管理理论本质上是一种经验理论，只有产生好的结果的理论才是正确的，学术体系本身如何并不是问题的关键。当前的管理理论大多是概念论，就更加不足以称之为正确的理论了。传统的管理理论反而成了企业应对不断变化的客观形势的障碍。如今，我们已经不需要考量其对错，而是该放弃了。只有实践者才能建立起真正有益于企业的新型管理理论。令人欣慰的是，优秀的理论正在被实践者稳步构建。

减少间接人员的目标是根据人员成本目标确定的，而不是根据工作职能的分析确定的。严酷的现实需要付出切实的努力，就算难以做到也必须努力。如何用少到不合理的目标人数去完成必要的工作，我们必须先认真考虑如何操作，然后确保做到。不可避免的是，在这个过程中我们会放弃一些原有的活动，这就是笔者在论述削减成本时提及的。当高层或主管让下属这样做的时候，应该告诉他们的是："这件事本来是不可能的，但是不管是不是可能，不这样做的话，企业就无法生存。我也觉得你可以做到。"

既然高层管理者自己都承认不可能了，那么下级就不能再强调了。既然不可能了，那么如果通过努力做成的话，那就是个人的重要成果了。这是用人的诀窍之一，而且这种说服方法有很多成功的案例。在笔者自己的咨询案例中，笔者给出的建议是，"你如果不能按照这个人数来完成工作的话，请来告诉我，我们一起来想应对的办法"。接受了这个建议的人，很少有人再来找笔者。

当我们设定和衡量生产率目标时，将生存率分解，并且使用不同的尺度衡量，操作会更方便，效果会更好。主要内容如下：

·总资本生产率 = 增加值 ÷ 总资本

·有形固定资产生产率 = 增加值 ÷ 有形固定资产（分为建筑物、设备、设施等）

·劳动生产率 = 增加值 ÷ 员工人数或工作时间（分为全体员工、直接员工、间接员工等）

·工资生产率 = 增加值 ÷ 工资（分为全体员工、直接员工、间接员工等）

如果还需要衡量其他生产率的话，可以将希望衡量的项目作为除数。在上述项目中，有形固定资产的计算有一些不确定性。有形固定资产有计价折旧，针对这个问题，有多种理论，依赖的是不同的计价方法，有账面价值、购置价格，还有公允市价。

关于这个问题的讨论没有尽头，但从生产率的角度考虑的话，使用购置成本会相对安全。一方面，固定资产的利用价值并不会像折旧额那样比较快地贬值，另一方面，市价的计算难度又较大，不易把握。当然，以购置成本为基数的话也有缺陷，因为10年前的1万日元和今天的1万日元的实际价值是不同的，这就是为什么在处理比较久远的情况时会出现矛盾。对于有形固定资产，设备生产率不仅可以包括总量，还可以包括设备数量。

分别测算直接劳动者和间接劳动者的劳动生产率和工资生产率可以获得多种信息，例如如果将直接劳动者和间接劳动者的生产率进行划分，我们经常会看到虽然直接劳动者的生产率在提高，但间接劳动者的生产率在下降的现象。即使引入各种管理方法，如果它们对提高生产率的贡献不大，还是会出现这种现象。这就是所谓的过度管理综合征。仅仅增加管理密度是不够的，除非员工人均生产率能覆盖一半的工资增长，否则最好不要做任何管理。此外，提高间接劳动者的生产率才是有切实意义的。

不仅要分析生产率的绝对值，还要对三年来的结果进行指标化，看出其趋势。绝对值只是单一数据，虽然能用于与其他公司比较，但重要的应该是把握绝对值呈现的趋势。即使绝对值没有显示优势，但是如果处于上升趋势也就无须担心；如果绝对值看似不错，但处于下降趋势，也是一个危险信号。

从上述四个方面分析近期企业的生产率，很多时候可能只有劳动生产率提高了，而总资本、有形固定资产和工资的生产率却下降了。这意味着劳动生产率的提高主要源于资本投入，但生产率的提高还不足以覆盖工资的上涨。这是一件可怕的事情，因为如果不停止工资生产率的下降趋势，企业终究会破产。

最常用的劳动生产率是工资率。它是直接劳动所增加的单位时间的附加值。关于工资率，需要考虑以下三点：

·盈亏平衡工资率＝单位期间所需的内部成本÷分子期间直接工作的实际总工时

·必要工资率＝（单位期间所需的内部成本＋必要利润）÷分子期间实际总工时

·实际工资率＝特定时期（或特定产品）的增加值÷为增加分子的增加值而投入的工时

以下是有关上述公式的一些注意事项。单纯说工资率的话，其实人们不清楚特指的是以上三种工资率里的哪一种，因此与人交流时，尤其是与其他公司的人交流时，有必要事先确认谈及的是哪一种工资率，否则会引发混乱。

此外，在定义内部成本时，有必要确认具体的费用项目。

作为除数的工时也是如此，在生产率测量的情况下，最好包括非作业和非劳动时间，即支付工资的时间，在估算工资时，只包括劳动时间工资。这意味着用劳动时间除以工作率得到工时数，这是第二阶段的计算。

传统上，工资率主要用于工资估算，但它也会引起各种混乱（参见拙著《向管理发起挑战》）。工资率真正的用途应该是主动设定或衡量生产率目标，并将其用作增加附加值。做到这一点的一个好方法是按产品、部门和间接部门分析生产率。

按产品进行生产率分析，表1是一个例子。从这个分析表中，我们可以获得产品组合目标设定的信息。首先，看增加值的绝对值和排名，就可以知道它对企业的贡献程度。还要了解其贡献的效率，并按以下几点分类：

（1）工资率高的有益产品；

（2）高于保本率但低于要求率的类似"贫血"的产品；

（3）低于盈亏平衡率的亏损产品。

分类之后，我们考虑增加值的绝对量、增长率和工资率，然后考虑要放弃的产品是什么。需要注意的是，如果用错误的方式来思考的话，事情会变得相当麻烦，简单地舍弃亏损产品，实际上也可能产生负面影响，必须结合替代品进行综合考虑，然后做出决定。基本的思维方式是判断"对整个公司而言，这个选择是否合适"，换言之，需要计算有什么样的收益增减和费用增减，即需要做"增分计算"（详见拙著《成本核算的陷阱》）。

表 1　各产品生产率分析表

| | | | | | | 盈亏平衡工资率 | 日元 |
| | | | | | | 必要工资率 | 日元 |
产品名称	产品销量	单位附加值	附加值	排序同左	投入工时	单位时间附加值	排序同左	基于工资的指数
合计								

其次，我们按部门进行生产率分析，表2是一个例子。需要指出的是，我们不能依赖绝对数量，而应该看趋势，也就是说，产品生产率的好坏是由订单价格决定的，而不是部门负责人决定的。依赖绝对数量判断的话，被分配了盈利产品的部门当然就会获得好的评价，而被分配了非盈利产品的部门，无论如何努力都得不到认可。依赖趋势做评估，则可以得出合理的结果，做出正确的评判。

表2　各部门生产率分析表

部门名称	部门附加值	投入工时	单位时间的附加值	基准指数	部门工资	单位工资附加值	基准指数
合计							

在这种情况下，"环比对比"并不是一个好主意，因为每个月的标准都不一样。应该把一个时间点设定为100，然后一个时期都以此为基础。如果横向划分工序，则应根据各部门的工时比（可考虑设备）计算单位产品的附加值。

各个工序的具体切割不必太过在意，因为只要进行的是趋势评价，分配误差的问题就消失了。

最后，对间接部门的生产率进行分析，可参考表3。间接部门本来就是为业务部门获取附加值而设立的服务部门，因此，这个公式可以成立。我们需要注意的是，如果公司的附加值没有增加，但是间接部门的人员数量增加了，那么该部门的生产率会立即下降。不管增员的理由是什么，导致生产率显著下降的人员增加都值得怀疑。部门生产率的测定是一个相当重要的问题，也与绩效评价有关。

表3　间接部门生产率分析表

部门名称	服务对象部门的附加值	工资	单位工资的附加值	基准指数	倾向
合计					

3.5 盈利能力

没有哪个词语比"利润"更能引起争议了。笔者在这里无意深究，只是想确认一下利润对企业管理到底具有什么样的功能。之所以做这样的确认，与其说是因为涉及该领域的讨论太少，还不如说是因为人们对正确的思维方式知之甚少。德鲁克对利润的功能做过如下描述：

利润具有三个功能：

第一，利润可以衡量经营管理工作的有效性和健全性，也就是说，利润起着最终判断管理好坏的作用。

第二，利润作为资金，可以用于支付企业持续经营所必需的各种费用，例如设备升级费用、市场突发事件的风险准备金等。从这个角度讲，"利润"本身是不存在的，它其实是"业务维护成本"或"业务持续成本"。企业运营的目的是获得合理的利润，产生这种所谓的"业务维护成本"或"业务持续成本"。达到这个目的绝非易事，而且没有一家公司做得足够好。

第三，利润作为资金具有确保创新和扩展业务所需资本的功能。这种功能可以分为两类：一种是直接的功能，通过增加内部储备为自筹资金铺平了道路；另一种是间接的功能，为最适合实现业务目标的外部资本流入创造动力。

关于利润的第一个和第三个功能，我们是容易理解的。关于第二个"业务维护和持续成本"的功能，需要一些额外的说明。企业为了持续经营，不得不持续地面对各种风险。为了应对这些风险，企业必须支付各种成本。

首先，也是最重要的是更新过时设备的成本。如果过时的设备不及时更新的话，企业就无法继续经营下去，这是显而易见的。但是，在税收上，这部分成本会被记为利润。即使购置成本可以作为折旧扣除，也无法抵消重置成本。各种需求都需要新的资金的支持，而且，不但设备更换需要惊人的成本，人员结构的优化成本也相当高。

其次，需要面对设备和技术过时的风险。我们当然知道企业无法用落后的设备和技术与其他企业竞争，也会尽可能避免，但是这种过时往往潜伏在不可预测中。正因为其不可预测，所以一般情况下几乎没有专用的储备资金。

提起过时的问题，小野田混凝土公司的"改良烧制方法"是一个比较典型的案例。当时被称为划时代的小野田的改良窑,一建成就被刚开发出来的、成本更低的新技术"淘汰"了。丢弃一个新建成的设施是很大的损失,所以,虽然知道已经处于劣势,小野田还是不得不继续"使用新设备,沿用老式制造方法"。我们其实永远不知道公司的设备什么时候会因为新设备、新技术的发展而突然变得过时,也可能在不知不觉中,公司的设备就过时了。为了应对这种危险,我们需要利用利润储备资金。

再次,需要面对无法预测产品或服务何时会过时的风险。它主要是由市场变化造成的。如果发生类似的情况,只有前期积累了利润,才能挺过销售额下降导致的利润下降,并且有机会展开下一步的工作。

最后,需要面对无法准确预测未来的风险。我们不能确保企业当前正在开发的新产品或规划中的新业务一定会取得成功,也无法确定一定会取得预期的效益,而且,这种不确定性在未来还会不断增加。

上述内容是企业可能面对的来自自身的风险,事实上,企业主体承担的风险不仅限于此,还可能需要承担来自其他企业的风险。应收账款回收不力,或者合同被延期等,对企业来讲都是非常不利的因素,而最大的风险是客户的破产。除了这些风险，原材料价格的飙升，经济衰退引发的资金利率的上升等也是企业不得不面对的风险。

在内部和外部各种风险的夹击中，企业努力维持生存，管理和抵御这些风险的是"业务持续成本"，但这一部分成本在会计上却被记为利润。如果没有盈利，没有利润，企业可能会因为一些波动而不得不面临倒闭的风险。所以利润并不是"利润"，而是"储蓄"和"保险"，是为了不可预见的风险而做的准备。

个人的储蓄或者保险越多越好，然而，在现实当中，先要准备好的是最低限的储蓄或者保险。利润也是如此，企业需要先考虑的是最低利润。赢利的目标不是"能赚到的最大利润"，而是"不惜一切代价必须赚到的最小利润"。要计算出最低必要利润是多少并不容易，这与无法轻易确定个人的最低必要储蓄金额是一个道理。即便如此，个人可以设定目标，比如将收入的10%作为储蓄存起来，与此相同，企业也可以根据一定的标准设定利润目标。

设定利润目标的最简单方法是确定投资资本的收益率。松下电器的关联公司认为，无法实现20%分红的公司不是一家成熟的公司，这个20%的分红可以看作是应有的利润，其中10%是利息负担，10%是投资回报。另一种计算方法是设定股息、董事红利和内部储备金的目标金额，将金额相加得出税后利润，再除以税率，得出税前利润。除了各种计算方法，这里介绍一个简单的目标设定方法：

每位员工的年度含税利润目标	制造商	贸易公司
最低限度	20 万日元	30 万日元
普通	30 万日元	50 万日元
优秀	40 万日元以上	70 万日元

按照上述三种方法计算得出的结果也基本相同。总之，这是一个非常简单的方法，在实际使用中也非常方便。贸易公司之所以比制造商的利润目标高，是因为它面临的风险更高。

对于企业而言，利润必须多年保持正向持续，只顾眼前的利益而不考虑未来，是不可取的。企业以牺牲未来业务为代价来增加眼前的净收入，这是有可能的，但这样做会危及公司的发展。为未来持续盈利和维持公司生存而发生的营业费用，属于税法规定的作为费用扣除的"营业持续费用"。

有不少企业经营者不愿透露利润目标和业绩，因为据说如果公开了这些内容，劳方对工资增长的需求将会增加。

但是，如果因为害怕这些而拒绝公开，企业经营就无法有效成立。可以确定的是，这些经营者几乎总是只支付低于其他公司的工资。用保持低工资来提高利润，而不是积极拓展利润源来增加附加值，这种想法本身就已经过时了。

设定高利润的目标，支付与其他企业相同或者更高的工资，确定政策与对策，告知全公司并确保整个企业团结一致，为企业的持续发展而齐心协力，这才是企业应有之道。我们生存的这个时代，是一个不采取这样的举措就难以生存的时代。这样的举措一定会促进企业员工的合作。笔者看到的大量案例表明，员工知晓企业取得丰厚的利润，会感到高兴和欣慰，不会因此提出无理的加薪要求。

笔者认识一家公司，日常不会在劳务管理上投入过多精力，也不会用福利等讨好员工，但是员工的稳定率高达100%，出勤率有99%。公司没有提供员工宿舍，没有采购工会，也没有员工旅游和公司午餐。这家公司总是展望未来10年的发展，设立明确目标，积极锐意创新。当然，包括奖金在内的薪水作为劳务管理的基础都是以地区第一为目标的，并且都圆满实现了。它是一家连续20年持续派发20%股息的超级优秀公司，一直不存在招工困难的问题，而是苦于不需要的员工也不辞职。

3.6 实物资源与财源

实物资源包括原材料等生产资源、建筑物和生产设备等设施。生产资源涉及企业的生死存亡，在一些特殊情况下，企业会对生产资源采取审慎、自主的管理措施。有的企业，如林业公司、纸浆公司等，会以50年为一个周期，制定企业的长期生产资源规划；有的企业，需要依赖地下资源进行生产，石油公司就是典型的例子。而大豆、棉花和橡胶等国际大宗商品，则必须在纽约、芝加哥和新加坡各城市的商品交易所进行交易。

上述类型的企业比较特殊，其他的多数企业并不是很重视原材料的保障。笔者接触的一家业绩良好的纺织公司，其社长一边密切关注着澳大利亚的天气，一边随时调整原材料羊毛的采购计划。基于这位社长的经验，笔者开始意识到：企业针对原材料制定一个明确的方针是非常必要的。笔者还接触过一家业绩良好的橡胶公司，该公司一般通过贸易公司采购原材料，也通过参与设定市场价格从原材料上获利。

此外，技术革新带来的原材料革命，使得新型原材料层出不穷，所以短时间内价格快速下跌的现象屡见不鲜。我们需要随时关注，并且在必要的时候考虑签署含预测未来价格趋势等内容的特殊协议。

外购的零件也属于实物资源，但很少有公司对其采购源头做出明确的政策上的规定，虽也有企业说要系统性培养外购源头，但多为口惠而实不至。更多见的是，上游企业尽最大可能利用外购源头企业，其失去利用价值之后，就将其一脚踢开。笔者对这样的行为感到气愤，当然，被抛弃的企业也有其自身的问题。

笔者想要强调的，既不是短期的利用，也不是意气用事的忠诚，而是应该制定明确的外购源头企业的培养政策。这最终会为企业带来利益。当然，这是一件极其困难的事情，因此为关联公司提供经营指导是必要的，但能够给予管理指导的人并不多。面对这个局面，笔者认为上游公司需要做出更多努力。"松下联邦经营"就是可以借鉴的成功案例。

实物的设施因为需要长期占用大量资金，所以具有非同一般的意义。据说，曾被称为"优等生"的某阀门制造商之所以倒闭，就是因为在经济不景气时购买了工厂建设用地,"锁死"了运营资金。山阳特殊制钢公司破产的案例值得我们引以为戒。它因不合理的设备投资,最终破产。这个过程清晰地显示了管理者将公司推向破产的经营态度。①

当时,企业的管理者被蓬勃发展的经济形势冲昏了头脑,做出了与自身体量不相称的扩张计划和资本投资。在扩张完成之时,经济陷入了不景气的泥沼,于是公司不但无法扩张生产,甚至连建设费用都拿不出来。类似的例子还有很多,因此"设备投资应该在不景气时进行"的说法还是有一定道理的。

笔者曾遇到过类似的例子。这些年,经营业绩一直在下滑的情况下,某公司离亏损仅一步之遥,却准备筹建员工福利宿舍。当笔者询问为何要这样做的时候,公司管理者的回答是:"因为可以无息贷款。"似乎有太多的企业主认为,如果有可以免费借的东西,不借的话就是吃亏。虽然借的钱是免息的,但事情还远未结束。如果是这些钱用在能够产生收益的投资上,那另当别论,然而用来建员工福利宿舍并不产生收益,反而需要维护成本。虽然贷款是

---

① 山阳特殊制钢于1965年申请了公司重组并破产。当时该公司由于巨额债务、隐瞒负债金额和连锁破产的蔓延等,引起了很大的社会关注。其后,公司通过努力得以重生。

免息的，但是在还款的时候，公司是要用能够产生收益的钱还款的。笔者建议该公司不要忙于建设员工福利宿舍，并强调当务之急是尽快恢复经营业绩，为员工提供与其他公司齐肩的工资和奖金。最终，该公司停止了建设员工福利宿舍的计划。

另一家公司也有着相同的经历。它也是一家业绩不佳的公司，不知从何时开始，固定资产的生产率急剧下降。原因是，该公司购买了一套豪华的海滨别墅，并建了很多宿舍。据说，购买海滨别墅是为了与对手竞争，因为对方先购买了海滨别墅。这竞争意识真是莫名其妙。该公司还计划建造一座新的总部大楼。这是一种什么样的经营方略？帕金森定律[1]指出"建造总部大楼将摧毁公司"，这家公司用实际行动在证明这个定律。

还有一家公司，同样也是业绩不佳，笔者当时参观了它刚刚竣工的工厂。工厂里建了一个宽敞的食堂，据说全面开放时，其可以同时容纳所有员工用餐。但是，眼前有一半空间是闲置的，也产生了维护成本。这多少有些浪费。为什么要一次性容纳所有员工呢？笔者知道有一家优秀的

---

① 1957 年，西里尔·诺斯古德·帕金森（Cyril Northcote Parkinson）发表了《帕金森定律》，尖锐地剖析了组织变得臃肿的原因。

公司，在生产和研究上慷慨地投入资金，但尽量减少在食堂等无法产生效益的设施上的投资，员工充分利用就餐的时间差来使用食堂。这是一种完全不同的管理思维方式。

  类似的例子还可以举一个。它是一个员工不到300人的业绩不佳的小公司。该公司的社长从家到公司约五分钟的车程，他上下班乘坐的是进口汽车。公司安装了电话总机，并且配备两名专属接线员，建了警卫室和两个豪华的接待区，还计划建更衣室和员工福利宿舍。当笔者询问工厂和生产设施的计划时，被告知什么都没有。这样的公司简直是本末倒置。如果要"励精图治"的话，公司应该让两个总机接线员在白天兼任前台接待，只在晚上配备保安，将社长的汽车换成国产的中型汽车。

  谈到设备的投资，松下电器做出了非常优秀的示范。资金投入的时机取决于销售前景，这里暂不做讨论。就设备资金投入的规模而言，松下给出了如下答案：

  1959年至1961年前后，正值岩户景气时期，好多公司纷纷跟风兴建了大型工厂。据说，东芝公司兴建的重型电机厂后因沉重的投资负担以悲剧收尾。当竞争对手开始满负荷运行时，东芝重型电机厂已经不再是最先进的了，也就是在这个时候，松下电器意识到必须以满负荷运营为前提，否则其投资资本回报率将下降，所以分散地建造了300人至500人的小型工厂。

结果，这些举动提高了当地员工的就业率，减少了宿舍和公司住房等福利设施的支出，节省了费用，提高了工资支付能力，为后来的劳动力短缺做了前期准备。

"始终以设施的满负荷运行为目标"，这个策略本身就是良性的，会带来良性的连锁反应。世界就是这样运作的，如果事情顺利，就会开始良性循环；如果事情不顺，就会开始恶性循环。松下电器不仅要求全面运营设施，还重视设施本身。关于这一点，我们从九州松下电器佐贺工厂的建设可以窥见。

1964年，九州松下电器决定新建干电池工厂。当时，高桥（松下电器副社长兼九州松下电器社长）指示青沼（九州松下电器常务）如下事项：

（1）建设划时代的专做出口的工厂，不生产国内市场的产品。

（2）为了在激烈的国际竞争中取胜，严格管理制造成本、利息成本、质量管理成本。

（3）青沼可自由决定工厂的规模。不过，丑话说在前面，"建设也是成本之一"。

总预算估计为1.5亿日元，对于这笔支出，高桥社长对松下会长表示："我想让他们进行彻底的严格的建设，如果过于节约而导致建设失败的话，希望您能接受，全当它是培养九州松下电器管理人员的学费。"最终，会长接受了高桥社长的建议。

青沼将工厂的地址定在佐贺县，一边和有关方面秘密协商收购事宜，一边委托承包商估算工厂的建设费用。虽然已经是一个相当节俭的预算了，但高桥还是没有同意，他要求用市场价一半的费用建造工厂。他的原话是："用这个预算建设工厂的话，任何人都可以做到。真正的工作就是做别人做不到的事情。"

青沼召集了工厂的厂长候选人平井和年轻的工程师山田，要求他们绘制图纸，确定规格。建筑结构为拱形，构件为H型钢，墙体为砌块，窗户为吸热玻璃，屋顶为彩钢板。普通镀锌钢板每年需要重新喷一次漆，三聚氰胺彩钢板的初始成本虽然较高，但保修期有10年。所用材料全部由公司采购，通过来料分包，最终他们成功地以市场价一半的价格完成了施工。

高桥：建设佐贺工厂时，基于"建设即制造成本"的想法，我不得不降低建设成本。同样是制作干电池的久留米工厂，已经开始折旧，所以账面价值已经不多了。这次建造的工厂目前计划是生产300万节AA电池……建设成本控制在1.5亿日元。那么，如果把它当成一个普通的建筑就很难操作了。在会长和社长的批准下，我取消了所有关于设施的规定，唯一的具体要求是允许我们向四国的寿电工的社长稻井先生好好请教一下。

提问者：当时有可能以市场价一半的费用建工厂吗？

高桥：名古屋的工厂已经使用了30多年，是我用23日元/3平方米的价格造的，当时建个简易房的单价都要35日元。为了少花钱且把工厂建好，我想了好些办法，比如厂房中间有两条传送带，一根柱子也立不起来，我就用板子和螺栓解决了问题。

现在能不能像当年那样，我不太确定，但如果只能花这些钱的话，新的创意也就必须从这里产生。我们最初的计划是使用铁窗扇，但考虑到维修成本，觉得铝窗扇在成本上更具优势。最终证明我们的判断是对的。

青沼在施工过程中，只被高桥批评过一次。当时绿化带宽度设计为1.5米，高桥用卷尺量了一下说："1.2米不是也可以吗？"

高桥：因为我们要在那里建厂，佐贺工厂前院有一大片草坪迟早是要被铲平的。绿化带会产生永久性维护成本，仅靠建设成本是不够的。这也是成本的一部分。（摘自石山四郎《松下联邦管理》）

多么明确的成本意识，多么严谨的管理态度！"真正的工作就是做别人做不到的事情"，是名言中的名言！管理者要求下级做别人做不到的事情，勇气可嘉。能够做到别人做不到的事情，更加令人钦佩。松下电器被誉为"抗衰退公司"，其秘诀或许就在这里。

还需要指出的是，该工厂里只有五名白领：厂长一名，会计一名，材料管理员一名，办公室女员工两名。厂区工人数为120，未来就算增至500人，也没有增加白领人数的打算。请对比思考一下，如果不包括销售和设计部门，你的公司有多少白领在工作？大家到底在干着多少看似合理但其实不必要的工作？真正有意义的工作恐怕连一半儿都没有吧？九州松下电器给我们做出了非常优秀的示范。只要下决心，人员成本是可以压缩到这个程度的。

关于设施，很少有企业对其有明确且有效的计划。很多企业在购买效率不是很高的通用机器时，或者在购买昂贵的自动的，或者开工率低的专用机器时，是有规划和预算的，但涉及一些小投资大回报的辅助作业机械，如工具、附属装置等，几乎没有预算。

一个公司的案例比较有代表性。该公司有一台备用机器的话，就可以系统地检修机器，并保证生产全面运行，但是该公司并没有这样操作，而是使用精度较低的机器，努力生产着低质量的产品。在笔者强烈的建议下，该公司购买了备用机器，着手有计划、有步骤的大修，随之产品精度得到了很大的提高。

设备是提高生产力的利器。一些修理厂或个别生产工厂投入了大量昂贵的机器，但如果开工率低的话，就未必有生产优势。这种情况下，外包通常会更便宜一些。工厂大批量生产还存在另一个风险：如果不慎推行了自动化或专用化，那么其程度越高，一旦产品有所改变，工厂灵活变通的能力就越差，极端情况下，无异于报废设备。据笔者了解，一家公司安装了大型喷漆设备，产品的总数虽然在增加，但涂色因市场需求而持续变得多样化，如此一来，大型设备反而导致了生产效率的低下。

随着市场的变化，这种风险在未来会越来越大，当你试图提高生产率时，应对变化的弹性就会降低，而如果你试图保持弹性，生产率就很难提高。一方站得住脚，另一方就可能站不住，这个世界在变得越来越难兼而有之。设备的问题变得如此艰难，我们更有必要确立明确的方针和规划。

对企业经营而言，资金调配计划的重要性是不言而喻的，但是现实当中，对这个问题感兴趣的人却很少，这又是为什么呢？因为日本有很多"债务政策"，即使企业没有足够的资金，也有财务政策和行政指导为其提供经营支持。税法允许债务利息作为费用扣除，股息却必须从税收利润中支付，通货膨胀也对债务优势理论起到了推波助澜的作用。这些条件摆在眼前，对企业而言，借贷资金在短期内当然会更有优势，所以很多企业倾向于用借贷资金开展经营，也不太在意充实自有资金。这就是资本实力疲软的原因。在这种情况下，企业将始终无法承受经济衰退的风险，并且一年中的大部分时间都在为金融机构打工。

这个事实并不难理解，在大多数公司中，利息是仅次于材料成本、外包成本和人工成本的支出。当我们谈到债务时，会有一个普遍认知的最高限度，对于资本，我们也应该有一个最低标准。对于债务，企业的目标应该是将贴现率保持在增加值的5%以内，笔者认为如果是制造商的话，其应该是销售额的3%，分包商是2%，贸易公司是1%。如果利息的负担超过上面的比例，都应该被视作在为银行打工。因此，除非有额外的估算，否则借贷超过限额是很危险的。最重要的应该是强化企业的结构。

关于资本金，暂时可以考虑与月销售额等量。大日本油墨公司的增资方针是，如果月销售额超过资本金，就可以增资。这个方针简单明了，非常易于理解。

我们有必要认真地对待资本充足率问题。先要制定明确的方针，并且以此为基础确立方便操作的方法，也就是想办法把"作为税收流出企业的资金"合法地转化为资本。换句话说，就是降低税金。操作得当的话，企业会获得一笔数目不小的资金。

3.7　其他经营领域

其他的三个领域，即管理人员的能力和发展、员工的能力和态度，以及社会责任，都是关于人的问题，无法量化了。下面就这三个领域分别做一个分析。

先是管理人员的能力和发展问题，这是当前组织理论的重要组成部分，也是企业内部培训的核心。然而，不了解企业管理，不了解企业现实情况的理论家和心理学家错误地以工作职能为中心，以人际关系为重点，把人们的想法和关注点引到了与企业需求不同的方向。他们的主张缺乏对严酷客观形势的认识，丧失了应对变化的创新动力和活力，只有对低层次合理化的追求，是完全错误的。

是时候彻底摒弃常规的思维方式了，我们应该从企业真正的需求出发，去培养管理人才。

我们培养管理人才，必须以实现企业目标为中心，把创新和应对变化作为根本态度，通过自律凝聚全公司的力量。在这个过程中，特别需要精神革命。

无数事例证明，决定员工（包括管理人员）能力和态度的不是员工自己，而是管理层的人生观和使命感。无论劳动管理多么细致，人际关系多么讲究，福利设施多么完善，只要管理层的人生观和使命感有不正常的地方，员工就不会真正对提高生产率感兴趣。

工会也是如此。害怕或者回避工会都是不可取的，都对企业的经营管理没有好处。许多例子已经向我们显示，管理层的态度可以成就与工会的关系，也可以破坏与工会的关系。

社会责任是一个范围非常广泛的问题，在此我们显然无法展开讨论，但有两项基本的社会责任是任何企业都必须承担的。一个是，企业必须赚取一定的利润，让自身得以运营和存续下去。企业必须发展自己的业务。因为企业的任务就是创造社会财富，所以企业必须通过赚取利润来化解与其活动相关的风险，以便生存下去。另一个是，企业必须提高创造财富的能力，进而助力社会财富的增加。

3.8　目标必须明确

案例一：笔者曾经在一个公司做过调查，问及该公司的社长对目标的态度时，他回答："没有必要非把目标明确化，只要一有机会，我就会把公司的目标讲给员工听，他们每个人都非常了解。"但是，当笔者向公司员工询问是否理解社长的想法时，得到的回答是："根本不明白社长在想什么，他每次都说不一样的内容，完全没有一贯性。"

案例二：S公司的管理层里，除去社长，还有四位高管，他们是亲兄弟。当我问及公司是否有明确的目标时，其中一位回答说："完全没有必要。我们是一奶同胞，吃一口锅的饭长大的。现在，我们每天都在公司见面，彼此心有灵犀。"

这个说法笔者无法直接反对，于是，笔者提出了其他角度的意见："您几位这样处理是没问题的，但是，对于部长和部长以下的员工来讲，这就行不通了。我还是建议贵公司将目标明确下来，让管理层每个人的意图都能准确无误地传达下去。"他们经过思考，认可了笔者的意见，开始着手明确目标。

笔者让每一个人说出自己的"想法",把要点写在黑板上,于是,结果变成了"那是你的想法吗?""不,我的想法不同。"……

案例三:笔者在某公司帮助制定短期商业计划,工作结束时,社长感慨地对笔者说:"在制定短期经营计划的过程中,我学到了很多东西。我没想到,在公司的管理高层里,大家的沟通是存在问题的。我发现,销售部部长有一些我没有意识到的想法,我还发现,常务董事在很多地方没有完全理解我的意图。我们每天都会见面,但是依然存在沟通的问题。所以我也就理解了,公司无法按照我的意愿运转也是有原因的。

"不过,通过制定短期计划,高层的意志真的统一了,这是个非常好的结果。我也有信心了,有办法在公司内部传达我的想法了,而且也明白了该怎样确保员工完全理解我的想法。"

这些案例让我明白,口头沟通其实真的是一件非常不容易的事情。沟通专家和关系理论家只要一开口,就会告诉我们,"加强上下级的沟通"。然而,仅仅交流,却不意味着"疏通"。口头交流时,上级随口说的内容,如果刚好是下级感兴趣或擅长的领域,就有可能被视作上级的方针,被上级认可的重要内容。这非常容易误导下级。

一个人在处理难题时,即使在讨论阶段听取了上级的意见,过后也可能会将其抛之脑后。不同的人对何为重点有不同的看法,对事物权重的认识也不一定相同。更糟糕的是,现实当中,上级的要求往往会出奇地前后矛盾。同样一件事,有时被特别强调,有时又可能变得无关紧要。

言语是当场立即消失的。所以当事情发生时,总免不了口水战,各方都会强调自己的无辜。因此,两人即使每天见面,每天交流,也很难做到沟通无误。结果就是各方想法无法统一。

如果我们明确表述目标的话,就会讨论一些相关的概念、定义,也会讨论一些用词的含义。当目标被量化,也就是具体表达上级的意图时,就会思考数字之间的相关性和平衡,也就清楚了会遇到的限制和障碍。因此,事情的轻重缓急就更加清晰了。

工作目标,在被明确表述之前,只是各相关人士脑子里的一些想法,被明确表述后,才会变得具体和条理分明。这种变化的效果远比我们想象得更大。目标和方针可以确定公司的方向，公司所有人的行动都应该从这里开始，并且最后回到这里。没有任何法律规定公司的目标和政策不能明确地落实到书面。笔者认为，没有落实到书面的所谓目标，既不是目标，也不是政策。只有落实到书面，最高管理层的意图才能基本无误地渗透到公司的各个层面。这样的沟通，才是最重要的沟通。没有明确文件的沟通只会让员工无从下手。

3.9　目标需要衡量标准

笔者因为工作关系走访公司时，经常看到诸如增加销售额、节约成本和提高质量之类的标语。它们充其量是口号，不是目标。如果只说"增加销售额"的话，没有人知道到底应该增加多少，一句"节约成本"，也没有人知道要削减多少成本。这类口号其实没有现实意义。

在这样的公司里，员工也只能表示会对照公司提出的口号努力，但究竟结果如何，其实非常值得怀疑。这类公司往往会以上一年度，或者上一年度的某个月作为衡量的准绳。虽然这样的比较不是不可理解，但是不好判断好坏。更糟糕的是季度环比和月环比的衡量标准，只要有季节性变化，这样的标准就没有意义，而且很可能导致误判的情况。证券报告使用的是季度环比。

上一年同比或季度环比思维，属于会计师在企业分析领域的工作，而不是企业应该采用的思维方式。究其原因，在于如果企业采用这样的思维方式，企业的管理就会变得"随意"。一个企业不可以是"随意管理"的，必须用"目标管理"。目标是"期望的结果",因此,即使付出了努力,是否可以获得"期望的结果"也是不确定的事情。

为了确定结果,就必须清楚每一个目标应该如何衡量效果,衡量的标准是什么。这个衡量也会直接影响绩效评估,例如如果以销售为目标的话,需要明确衡量的标准是什么,是金额、增长率,还是市场占有率。如果以质量为目标的话,就需要明确是以不合格率为标准,还是以不良金额为标准。如果以提高出勤率至 98% 为目标,则需要决定计算结果是否包含带薪假期。

作为衡量标准,最好使用绝对值,尤其是那些可以用货币表示的绝对值,例如如果销售额是根据增长率和占有率计算出来的,那么即使不特意呈现增长率和占有率也没有关系。一个典型的例子就是预算,它显示的是绝对数额,但当涉及"预算差额",即预算与实际业绩数额的差额时,仅显示绝对数额是不够的。说到这个点,预算控制的专家给出的说明是:"最好为每个预算预先设定一个差异标准,但这是一个暂时的标准,需要根据不同的情况,给予弹性的解释。"

这种说明,实在是非常不负责任。如果继续追问下去,会更加令人生气,因为他们会用各种说辞为自己的说法辩解。我们想知道的不是专家讲的那种抽象理论，而是"差异的标准应该是什么"，"用什么样的标准更合适"，但是专家从不回答这类问题。从业者想知道的是"这里应该建一座什么样的桥"，但是专家给出的都只是抽象的答案，比如"一定要考虑将来会增加交通压力"，"一定要抗得住地震和洪水"等，这样的回答只会让从业者感到失望。

不仅是预算控制理论，就连大部分管理理论也充斥着这样的抽象理论。毕竟，这些理论是"聪明的业余爱好者编造的理想主义"，虽然立论有条理，论证正确，但不得不说，与实践者的迫切要求还相差甚远。许多公司只看预算差异的绝对值，这就使事情变得怪异了。我们常见到的说法是，"虽然销售数额非常不错，超出了销售预算约100万日元，但材料费用也超过了预算约50万日元"。

这种说法显然是错误的。假设材料成本占销售额的比率为50%，在本例中，材料成本完全在预算之内。材料成本是所谓的比例成本（可变成本），随着销售额的增加而增加，或随着销售额的减少而减少。因此，除非按照销售额的百分比衡量材料成本，否则就会出现混淆。"因为销售额增长10%，但材料成本增了12%，所以材料成本超过了预算2%"，这才是正确的表述方式。

此外，对于业务员的个人销售，需要区分业务管理的绝对金额和个人绩效考核的增长率。由于每个业务员负责的领域和客户存在差异，因此，不考察增长率的话，我们就无法合理评估个人绩效。也有人用劳动力成本占销售额的比例做标准。它虽然并不完全错误，但也不太恰当，从附加值的角度来考察劳动力成本才更准确。

从上述内容我们可以看出，如果衡量的标准和尺度不正确，就可能引发各种问题，所以我们需要非常慎重地确定标准和尺度。一般被认可的标准有以下几个：

·销售额：按绝对值计算（必要时包括增长率和市场占有率）。考察个人绩效时，从增长率的角度来看可能更合适。

·可变成本：考察与销售额的百分比。

·增加值：考察与绝对金额和销售额的百分比。

·固定成本：按每月绝对金额考察。

·生产率：以占增加值的百分比衡量。

衡量一个目标的尺度可以有数个，我们要根据不同的目的，恰当地使用。简言之，只要符合业务需求并且易于理解，任何标准都是可以接受的。以积极的态度使用这些标准才是最重要的。这里我们举一个优秀的案例，是松下电器 BU 系统（预算控制系统）。①

松下电器的预算控制测定标准是：可变成本率与固定成本金额具有约束力，可变成本金额仅为合计确认。简而言之，就是"预算不制约企业活动，而是预算率制约企业活动"，因此，即使超出预算也没有问题。更确切的说法是，花费超过预算没有问题，重要的是成本和结果的比例。即使你花两倍的投入，如果你能够得到两倍以上的产出，那就是更好的结果。也就是说，预算金额是为了计算比率的数字，而不是绝对金额。这就是完美生产率的理念，优秀企业的优秀思维方式值得我们认真学习。

---

① BU 系统是荷兰的飞利浦公司最初采用的一种企业管理方式。

第四章 目标的设定

4.1 立足长远

企业的目标应该如何设定呢？目标的本质能够解答这个问题。答案应该是：先明确公司生存的条件，并在此基础上叠加管理层的经营意图。我们在此可以确认的是，企业目标必须由最高管理者和最高管理层来考虑并决定。在企业针对客观情况，思考生存下去的必备条件时，内部人士的意见反而会成为阻碍。如果我们听取内部人士的意见，就有可能忘记生存条件，倾向于根据过去的表现达成可实现的目标。当这种情况发生时，公司就没有希望了。我们必须牢记的是，不能拘泥于内部人员的意见，应该让内部人员更多地参加高层会议，以便让他们更清晰地了解客观环境的严酷和企业高层管理者的立场。

制定目标时应该具有长远的眼光。企业决策，从做出决定到实际影响企业业绩，短则两三年，长则十年，甚至二十年，是一个相当花费时间的过程。那些很快就能看到效果的决定，往往是对公司命运影响不大的战术层面的决定。企业面临危险后，无论采取何种应对措施，效果都是有限的，没有力挽狂澜的可能，因此，企业必须预见未来并提前采取措施。

这样考虑的话，对于长期规划的决策来说，经济波动周期太短了缺乏参考价值。就算是对设备资金的投入，也不可能只考虑未来三四年的情况，可见公司制定的长期目标必须长于经济波动周期。经济波动只能依靠短期措施来应对。

谁也不知道未来三年会发生什么，更别说十年后了，但即便无法确定未来，至少应对大的趋势有个预测，例如十年后的摩托车行业，大概率是不会风光了；劳动密集型产业和中低档产品的领域，将逐渐被不发达国家"占领"；同时，发达国家在重化工业和电子工业的权重会不断增加；关于道路、房屋和我们的生活将如何发生改变，不仅有预测和想象，还有基于大量研究和证据的未来图景。所有这些都能使我们的推测不仅限于想象，还有现实的启示。

企业应将这些启示和所属行业、业务情况和产品结合起来考虑，然后决定是坚持当前的行业还是改变企业方向，是坚持现有的产品还是开拓其他的产品。这一步的思考和决定，会左右企业未来的方向。日东化学公司的悲剧就在于,他们没能预见硫酸铵的衰落,也就没能使企业避免衰落①。东洋人造丝公司和帝人公司因为预见到了人造丝的未来,果断决策,从而获得了巨大的收益。Francebed 公司预见到其分包商的命运而开发了自己的产品,并在行业中取得了垄断地位。

随着化学合成技术的不断进步,诞生了一个又一个合成原料,依赖天然原料的企业自然不能满足于眼前的安定。只要客观情况发生变化,客户对企业产品的需求也会不断变化。因此,即使继续目前的业务,企业也必须不断思考需要什么样的创新。即使不是重大转型,只是当前业务的创新,也是相当花费时间的。这意味着企业必须提早行动,因为罗马不是一天建成的。

以上是推测客观情况的定性领域。定性领域即便能够理解意思,也无法量化。长期预测有一个定量领域,是一个可以用数字表达预测的范畴,其主要内容如下:

(1)全球经济及国别增速

(2)国民经济增长率

(3)行业成长率

---

① 日东化学公司由于当时主要的化学机械的盈利能力恶化而陷入低迷状态,后来成为三菱集团的子公司。

（4）价格上涨率

（5）工资增长率

（6）人口统计和年龄结构

这些内容是可以计算出绝对量的。企业是作为全球经济和国民经济的一部分存在的，一旦全球经济和国民经济衰落，就可能危及企业的生存和发展。物价的上涨会提高原材料的成本，管理层也无法忽视员工涨工资的要求。定量预测涉及未来三到五年所需的销售额和利润，为了增加销售额和利润，我们需要计算必要的销售额、外部成本、附加值、内部成本、人员结构等。这一系列的计算，有可能汇总成一个相当令人吃惊的数字。我们也需要计算一下，如果按既有的运营实绩原样延长的话，结果会如何。三年后不亏损的公司应该不多。

对比上面两个数字，两者的差距应该不小，这个差距是需要我们不惜一切代价填补的。当考虑通过效率提升、成本节约等合理化方案时，我们会发现，能够弥补的差距其实微乎其微，如此一来，现实会告诉我们，不可能通过合理化来弥补这个差距。很明显，事情并不简单。我们只有做了长期计划，才能清晰地明白问题所在，也才能明白仅靠罗列预设的数据，无法获得实质性的方案。

于是，我们开始以新的决心致力于创新，明白不能再依赖合理化了。无论如何，我们必须在管理上进行结构性的改变，而且必须从现在开始。"决定性时刻"已经到来，"明天为时已晚"。

经济波动也是必须考虑的重要因素。我们可以根据过往的经验，思考经济衰退将如何影响利润。如果五年中有两年左右衰退的话，利润会因此下降多少，如果是三年的话，利润又会下降多少，我们需要对此有估算。为了经受住经济衰退，我们就必须在繁荣时期创造公司发展所必需的利润，那么，繁荣时期的数字目标当然与衰退时期的不同，而且会是相当不容易实现的数字目标。

然后，用简单的数字和概括的句子将新业务以及其规模、利润、实现新业务所需的创新目标等具体地表达出来。这是长期的管理计划，在这个计划阶段就开始有意识地、强烈地感受到实现它的难度。

通过这样的目标规划，"企业存活下去的必备条件"就变成了在桌面上探讨，在桌面上决定的内容，与企业内部的情况无关了。就其本质而言，目标就是书面上的内容。这个书面上的目标，就是企业要努力完成的任务。

笔者曾协助某公司制定长期经营计划，该公司的社长对笔者说："制定长期经营计划后，我才意识到自己过去的想法是多么幼稚。我决定放弃过多思考内部的事情，为各项工作设定目标之后，将其分别交由管理层的其他人管理。我开始设定新的目标，集中精力培育新的业务。我应该承认的是，我开始意识到自己不得不这样做……"另一家公司的社长曾经向笔者表达过对公司十年后的担心："想要目前的工资增长速度持续下去，我们公司就必须保持至少15%的年增长率。按照这个节奏，公司十年后的销售额会变成一个巨大的数字，但我们现在还不知道从哪里能获得产品来实现这些销售……"这位社长能够为十年后的发展做思考，相信他在公司经营上不会失误。

  从上面两个例子可以看出，长期目标不是决定"未来要做什么"，而是决定"为了迎接未来，现在必须做些什么"。没有基于长期愿景的决策，就只是"临时起意"。

4.2　中小企业应根据工资设定目标

T公司拥有500名员工和20年的经营历史,始终保持每月销售额与资本相匹配,并持续支付20%的股息,是一家非常优质的中小企业。

T公司已经为十年后创建了"目标资产负债表"。我们不得不承认,没有多少公司能够比较清晰地勾勒出自己十年后的样子。从这个意义上说,它确实是一家"强大的公司"。

T公司的所有长期和短期计划都基于其"目标资产负债表"。笔者曾经询问该公司的高层管理人员是依据什么制定长期目标的。他的回答是:"目标的依据是员工的工资。根据预测,日本的工资水平将在1975年与现在的EEC[①]相同,我们公司的政策就据此设定。假设盈利能力没有变化,我们必须将目前的员工人数翻一番,销售额增加五倍。我们根据公司的十年规划,制定了三年计划,但如果继续按既有的业绩发展的话,企业将在三年内陷入亏损。为了实

---

① EEC(欧洲经济共同体)是EU(欧盟)的前身之一。

现计划中的收益率，我们必须开发出新的产品……"

优秀的企业都有顶级的思维方式。以工资为依据，是一个非常有效的办法。除了依赖设备等员工人数较少的企业，对中小型企业而言，人工费用是最可怕的成本，也是最可准确预测的成本。在人工成本的基础上加上其他可以非常确定的成本，企业就可以得出总的成本。然而，包含了内部成本和盈利的企业收入却是不稳定的，是不确定的。

如果不加以管理的话，企业就会亏损，继而破产。管理者的责任就是带领企业赢利并持续发展。人工成本最可怕，也最容易预估，中小型企业以其为制定未来目标的依据，就是最有智慧的做法。如果是中小型企业，那么长期的商业计划应该至少规划三年，可以的话，尽量五年，要包含快速上涨的工资，以及支撑公司运转下去的各项费用。

通过制定这样的计划，就会意识到只考虑人工成本显然是不够的，还必须分析与综合外部和内部各项条件。这样的过程可以帮助我们从一个新的角度对公司有一个长期的展望。"未来公司的定位"如果不建立在具体数字上，就有可能变成抽象的理论。而企业的管理是不能用抽象的理论来进行的。

4.3 短期经营计划

短期经营计划是从长期经营计划衍生出来的六个月（一个周期）或一年的计划。六个月的计划也未必不好，最好是一年的管理计划。[①]这是因为一年是经济活动的一个周期，各种材料也是以年为单位写的，所以以年为单位方便一些。

另一个原因是季节的变化，因为淡季和旺季的业绩表现差异很大，因此只考虑某个时期的话，可能会判断失误。虽然我们知道必须同时考虑淡季和旺季，但看到不太好或令人不太满意的业绩时，还是会心生不快，这是人性。从这个意义上讲，我们在看证券报告时，千万不要被"与前期相比"后面的这个数字蒙蔽。

短期经营计划是为了实现长期经营计划的一个中期目标，但并不代表没有长期经营计划，就不能制定短期的经营计划。对于从未制定过经营计划的公司，笔者一般建议

---

① 过去，大多数财务报表都是每半年编制一次，随着 1974 年商法典的修订，公司会计期间改为一年。

先制定短期经营计划，即确立一个一年计划，依目标开展经营，之后再逐渐建立三年、五年的长期计划。这是一个比较切实可行的操作。

经营计划应与会计年度保持一致。如果是六个月为一周期的公司，也可以做两期的计划。当然，六个月的计划也是没有问题的。经营计划应该在计划开始前一到两个月就已经做好，或者在计划开始实施之前，其已经作为下一个财政年度的计划在全公司公示了。商业计划，无论是长期的还是短期的，通常都是在会议上讨论和决定的。企业的高层管理人员参会就足够了，退一步，也只需要各个部门的管理人员参会，一般员工就没有必要参会了。

会议一般由会计部门或计划部门的负责人主持，根据事先准备好的草案进行审议。这种做法没有错，但至少不明智，因为在这种情况下不太可能进行深入的探讨。对于参会人员来说，在自己没有做任何准备的情况下，自然对其他人预设的内容难以有深入的思考。而且，负责人主持探讨，提出相关的数据做依据，最后听者只能认同了。

提前准备好会议草案，然后举行会议讨论的想法是一种错误的效率观念。这其实是本末倒置。会议的重点不在节省时间，而是为了达到目的。为了节省时间而牺牲目的是非常可笑的，而且在讨论经营计划时，"节省时间"的想法本身就是完全错误的。在必要的时候，会议的次数是不受限制的。

为达到会议的目的，有必要对数字进行透彻的讨论，还需仔细思考得出这些数字的方法是否妥当。会议做出的决策事关企业未来的命运，也就是说，决定企业未来命运的不是"如何高效经营"，而是"如何决策"。需要强调的是，"决策"是管理的基础，然而，传统管理学的方法和理论对这一根本思维几乎避而不谈。传统管理学的方法和理论指导管理者"管理下属及其工作"，没有教给管理者"如何制定高层决策"。所以，高层忘记了外部，只会关注下属，而各级具体业务的管理者忘记了理解上级。这才是目前企业管理面临的最大问题。

各种管理理论都有一个大前提，那就是"决策总是不会出错的"。基于这个大前提，大家在讨论如何提高执行效率。这样的理论，充其量是管理学，但不是经营学。从广义上讲，管理也是经营的一部分，但笔者更倾向于把关于决策的学问称作经营学，把关于实施执行的学问称作管理学，因为即使在同一个管理主体内，决策和执行在性质上也是完全不同的。我们常常看到的是，在性质上不同的经营学和管理学往往被混为一谈，并大张旗鼓地进行宣传。于是，众多管理者信以为真，将目光转向内部管理，并产生这就是管理现代化的错觉，因而分散了注意力，偏离了自己的本职工作——做决策。

充分探讨公司的各项数据，深入思考得出这些数字的合理性，提出自己的想法，而不是依赖别人的想法。对于经营者来说，这种努力是必要的。会前，准备好决策所需的材料，如资产负债表、损益表、财务分析表、试算表、销售统计、工资数据和费用表，以及计算器，别忘了还有黑板。在这块黑板上，要把会议的要点和各项数据写上去。这些数字可以是从准备好的材料中提取的，也可以是会议过程中计算出来的，参会人员一边讨论，一边做出决策。在会议上计算数据，看似浪费时间，实则不然。在计算数据的时候，其他与会者会利用这个时间思考和讨论。通过计算、思考和讨论，与会者会更加清晰地理解每个数字的含义和依据，笔者相信这才是对时间的有效利用。

下面是一个确定短期经营计划的案例。可以列举的内容如下：

◎ 年度综合目标

（1）损益总额目标及月度目标

（2）人事计划

（3）设备计划

（4）资金管理计划

◎ 按业务、产品和部门划分的销售和增值目标

◎ 出口金额与增值目标

◎ 可变成本比率的细分目标

◎ 工资目标

总额、加班限额、可能的奖金限额

◎ 开支目标

（1）各项目可控成本目标

（2）各项目不可控成本目标

◎ 短期比例和未来业务人员的目标

◎ 劳动生产率目标

销售生产率、制造生产率

◎ 合理化目标

（1）确保交货日期的目标

（2）生产周期缩短目标

（3）设备现代化目标

（4）质量改进目标

（5）安全目标

（6）提高保留率和出勤率的目标

◎ 项目计划及其目标

之后，确定实现各个目标的政策、战术和措施，确定实现目标的期限、时间安排和责任人。当然，不需要再次指定的就不必指定。接下来，确定定期检查的时间，例如每月确定一次综合结果和部门结果，每三个月确定一次精简结果，并根据个案确定项目计划。随后，部门经理和项目经理决定提交部门计划、项目计划的地点和截止日期。最后，依据客观形势和社长的决心总结"短期经营计划"。

为这个经营计划总结和提供数字不是一件容易的事。它是一个经过痛苦权衡之后提出的"虚构数字"，不是简单地延续过去的成就，做一些"可行性改进"，就可以轻易得出的。即便是"虚构数字"，也需要有具体的措施与方案，以达成目标。找到这些具体的措施与方案，需要极大的智慧，需要"挥泪斩马谡"的决绝，有时还需要"蛮横"的勇气。高层管理者必须做出决定，如果担心下属的批评而不能做出决断的话，就无法把不可能变成可能了。当然，有时也不得不做出妥协，但必须想清楚如何才能减少妥协，因为妥协越少，证明目标设置得越好。

做出了妥协更要保持警惕，因为需要判断妥协的程度距离真正的目标还有多远。基于具体情况，确立一个可实现的目标，这种方法虽然可以实现自我满足，但无法对情况的严重性产生正确的认知。所以这种做法存在着一定的危险性。好的目标是建立在"生存条件"之上的，而平庸的目标则是建立在过去的表现之上的。好的目标保证了公司的生存和发展，平庸的目标有可能导致公司破产。

4.4　公布短期经营计划

短期经营计划应尽可能简洁。越是重要的计划，越要简明扼要，只需要收入要点。篇幅越长，反而越有可能遗漏重要的内容。笔者认为一般可以控制在 5 到 6 页，最多不要超过 20 页。如果篇幅无法控制的话，则有必要在表达方式上下些功夫了。短期经营计划应分发给所有管理人员，之后选择一天举办说明会，最高管理层亲自解释计划并表明自己的决心。

这个会议不是讨论会，而是一个说服会。最高管理者需要清晰地说明客观情况的严重性，并解释应对它需要达成的各项数字目标和高层管理人员的决心，还需要说服与会者，鼓舞士气。关于计划内容的讨论，应该在制定计划的阶段进行。因此，公布计划的会议绝对不是讨论会，而是说服会。

在会议上，高层管理者为了说服员工，需要认真听取他们"为了实现目标而提出的要求"，并且充分地回答他们提出的质疑，一直到他们能够接受为止。

说明会的成功，靠的是高层的"说服力"。说服力是领导力的首要能力，是高层管理人员乃至各级管理者最重要的能力之一。值得庆幸的是，只要用心去做，任何人都可以学会。

首先，最高管理者或管理层一定要有坚定不移的决心。有了坚定的决心，即便不善言辞，也能打动人心。其次，要让下属清晰地认识客观情况，促使他们重新下定决心，并激发他们的自我保护本能。最后，信任下属。必须完全摒弃"量力而行"这种似是而非的错误观念，要相信下属内在的潜力。我们要更加相信年轻人的能力，总认为"年轻人还是太嫩"是个坏毛病。年轻人有机会负重前行，获得锻炼，是幸福的。这也是企业的优势。

从日立制作所退休的仓田主税先生在《现代经营》杂志的新年号上发表了文章《管理者的创新经营建言》。有如下记述：

1916年，是我进入公司的第五年，在这一年，我主动请缨，肩负起了一项十分艰巨的任务。

那时，我在电器厂从事铁板工作，当时电器产品上的电线是从其他公司采购的。但我们的日立矿山就在生产原料，还从外面购买，这显然不合理。基于这种想法，我经常在工作之余和其他人讨论这个问题，还不断向老板表达自己的意见。

时机成熟时，公司决定由我来规划电线的生产。虽然我根本没有经验，但是社长完全放权，所以我要对整个项目负全责，包括设计、制造电线的机器，召集合适的人员和试生产。我当时犯了很多错误，也吃了不少苦，最后终于把电线生产出来了。

那时，我才三十多岁，进公司也不过5年，却获得了充分的信任。当时，我就想既然公司这么信任我，我愿意拼命完成任务。

说实话，一开始我很担心。因为我没有经验，所以怀疑自己。然而，当上级告诉我"你可以做到，尽管放手干"的时候，我开始变得非常勇敢。这个经历让我亲身体验到：如果得到充分的信任，我就会真正感到自信。

从那以后，我一有机会就会告诉大家：信任下属，并委以重任。这非常重要。

过去，本田技研公司建设铃鹿工厂时，大部分工作都是助理经理以下的员工承担的。超快的速度和精彩的结果，不仅得益于领导的成功,更离不开年富力强的青年员工的努力。九州松下电器的佐贺厂起用了一名32岁的年轻人做厂长,在西本阪急队和三原西铁队的夺冠的过程中,年轻的队员所起的作用也不容小觑。我们应该对年轻人才抱有更多的期待,并且给予他们更多的机会。

明确了最高管理层的决心和公司的目标,那么,每个部门和每个产品的目标也具象化了。之后,每个部门的负责人需要提交一份计划,以便保证其能够实现各自的目标。此外,还可以按照以下内容确认相关部门的计划信息。

(1)各部门(或成员)的目标不是由自己的意志决定的。无论部门(或成员)的意愿如何,目标都是上司指定的,换句话讲,是上司依据客观实际情况向各部门提出了要求。

(2)为了完成目标,各部门必须制定达成目标的计划。

(3)这个计划包含部门的方针和部门员工的目标。目标来自上级,而非各部门自己设定,需要各部门凭借各自的意志达成目标。

经过这一轮的工作,顶层的目标逐渐细分并渗透到各个底层部门。经营管理是建立在"单一意志"的基础上的,而不是各级管理人员根据自己的意志创造的"多意志的集合"。

让下属参与，让下属了解客观情况，了解上级的想法，也是很有必要的。在这种情况下，不是"通过讨论做出决定"，而是"以讨论的形式让下级理解并接受上级的意图"。在这样的内部计划会议上，陈述内部方针之后，将决定以下内容：

（1）行动项目及其目标

（2）负责人

（3）日期

（4）实现目标的方案

（5）检查的时期

在成果达成计划中，必须注意一些要点。必须先确定优先顺序，禁止仅列举清单。如果什么都想做的话，结果就是什么都做不了。为了最有效地利用有限的资源（人、物、资金、时间），需要确定优先顺序，并按顺序增加资源的投入密度。在这个过程中，重要的不是决定先做什么，而是决定推迟做什么，这是非常困难的一件事。

我们经常会看到前半段措施集中，后半段内容空虚的计划。当被问及"上半期能完成这么多吗"，得到的回答往往是"能"。答案虽然乐观，但实际情况是不可能完成的。这虽然体现了做计划之人的认真态度，但也说明其缺乏规划能力。这一类的计划书需要重新制定。

目标管理的讲师主张"目标最好少于五个"，这个主张其实有些奇怪。越是企业高层，需要做的事情范围就越广，有10个或更多目标的情况并不少见。因此，目标与数字无关，是由"必须做的事情"决定的。一般而言，越是高层，目标越多，随着级别下降，目标数量也会减少。

目标管理的讲师强调目标要有权重。这种说法笔者不敢苟同。按照这种权重说法，总体目标权重为100%，A目标占40%，B目标占30%，以此类推。40%的权重应该放在A目标上，是说我们应该花40%的时间和精力，还是说投入40%的兴趣，或者说A目标的实现应该占总体实现率的40%，答案是不清晰的。40%是什么意思，用什么衡量这40%？这是似是而非的陈述。

目标不是权重的问题，而是优先顺序的问题。确定优先顺序意味着在某些情况下，顺序靠后的事情可能无法完成了。这就是优先排序如此困难的原因。

关于优先顺序要记住的另一点是，等级越低，越接近一次性原则①。也就是说，让一个作战单位同时完成多个目标，他们是没有办法做到的。

把做好的成果实现计划草案提交给最高管理层。通过成果实现计划草案，最高管理层可以判断各级部门是否理解目标，以及其打算如何实现这些目标。

如果目标没被理解，最高管理层在这个阶段就能提前发现；如果实现目标的措施有疑问或不具体的话，最高管理层在这个阶段就可以提出问题和给予指导。

上级和下属围绕目标来沟通，即上级传达目标，下属通过"结果实现计划"来回复。如此一来，上下级之间就完成了基本沟通。如果上下级没有利用"目标"和"计划书"沟通的话，就会存在信息不对称的风险。仅靠口头讨论的话，往往会导致下级会错意。

---

① 一次性原则就是一次专注于一件事。

4.5 部门目标说明会

"部门目标"获得上级批准之后,各个部门应该将其抄送同级其他部门,之后召开一个部门计划说明会。在会上,各部门的负责人解释分配给他们的目标以及实现这些目标的方针和措施。在发言的过程中,有必要设定一个时间限制。比较合适的时间是 10 分钟左右,提问和回答各占 5 分钟左右。这样的会议,使部门间的理解得以加深,消除了不必要的重复,并通过互助协商提高了团队合作精神。

横向沟通基本上可以通过这样的形式。良好的横向沟通不是光靠讨论就能达到的。单纯的讨论往往容易陷于自我主张或机会主义。

企业的高层管理人员必须在目标和实现目标的计划上花费足够多的功夫,如果公司的"蓝图"不清不楚的话,想要获得好的结果是不可能的。

遵循上述步骤,公司将目标传达到公司内部后,高层管理人员就无须在日常工作上花费太多时间了。笔者在帮助某公司引入目标管理的时候了解到,该公司的社长过去一直是在办公室的办公桌前指挥着公司的各项工作。自从导入目标经营之后,他就退到了社长办公室。当笔者询问他为什么这样做时,他回答:"在过去,原本托付下属的工作,我总是不断询问,不断看书学习,无法放心地托付出去。现实中,我也的确不知道应该怎样把工作托付出去,因为把工作交给下属,就总是不顺利。这一次我终于明白了。我的经营思想已经以目标和措施的形式体现在了经营计划里,传达给下属。下属用成果完成计划来反馈他们的理解和措施,最后,我来审查并批准,决定工作结果检查的方法和时间。这样,下属就是在按照我的想法工作。如此一来,我的日常工作就没有了。所以,我回到社长办公室专注于思考公司的未来。社长给下属下达明确的目标后,才有可能真正把工作托付给他们。"

4.6 高层管理者没有指定目标时应该怎么办?

除非最高管理者指明目标,否则不可能实现真正的目标管理。高层管理者并非没有目标,实际情况是,目标只在其脑子里,并未传递给下属,认为"平常一直都在讲的内容,员工们应该已经明白了,没有必要专门写出来"。笔者想要表达的是,企业内部出现的诸多逃避责任、没有干劲儿等现象,其根本原因在于高层管理者没有将其意图用目标的形式清楚地表达出来。如果高层管理者没有明示目标的话,下级应该怎么办呢?

"社长的目标方向在哪里,其实我们不是特别清楚。有时看起来朝向东边,于是我们的工作也跟着朝东,但不知不觉间他却朝西了,搞得我们有些无所适从。"这样的困惑,对员工来说是个大问题。

"员工们完全没有按照我的想法行动。""不管我说多少,他们都听不懂。"高层管理者如果有这些不尽如人意之处的话,那么就需要考虑一下,目标是否明确,是否反复强调,下属是否提交了成果完成计划书。如果这些事情没有做的话，那么要尝试着做一做。这样的做法，对每一个层级的领导而言，都是值得尝试的。

现实是，基于错误的人际关系理论的思想认为，上级单方面下达目标和指示是错误的，下属必须按照自己的意愿行事才是正确的。这种观念已变得过于广泛。这种观念其实忽视了管理者和领导者。

"自下而上的努力"指的是下级对上级的回应。上级给下级分配明确的目标，相信下属的能力，并且委以重任。作为回应，下级努力完成任务。如果高层管理者没有告知我们目标的话，我们应该要求高层管理者向我们展示目标。然而，这一类型的高层管理者善于提出抽象的方针和口号，却很难提出明确的目标。但是，越是面对这样的高层管理者，越要记下他们的想法，并且一定要追问："为了做到这一点，我们应该达到多少销售额，取得多少利润？"

如果高层管理者无法告知的话，那么只能放弃真正的目标管理了。如此，下属们或者自己设定目标，或者顺其自然。实际上，有销售额和利润，部门责任人就有责任根据这些数据制定"成果完成计划"，并提交给最高管理层。只是批评高层管理者，情况是不会得到改善的。计划得到高层管理者的首肯之后，部门责任人必须积极推进实施。这样的态度对事态的发展起着关键作用。

笔者永远无法忘记的是，为了帮一家亏损的企业实现盈利目标，笔者被贷款和高息债务追赶而艰难度日。令人欣慰的是，笔者最终使企业扭亏为盈。换一种想法，这样的经历也是天赐的、难能可贵的成长经历。笔者就凭借这样的想法，扛过了最艰难的时刻。

 # 第五章 成果导向

5.1　成果源于客户

　　企业真正的支配者既不是社长也不是股东，而是客户。企业的产品和服务都是因客户而存在的。这个显而易见的道理却被遗忘了。客户不会直接向企业发号施令，不会要求企业开发什么样的产品，也不会要求企业放弃哪些产品。遇到不喜欢的产品，客户只是不买，放弃了该企业的产品而已。这就是客户的可怕之处。

　　因此，企业必须设法找出客户的需求，还必须了解客户的潜在需求。关于后者，我们还不知道确切的方法，这意味着我们必须付出更大的努力。对于公司而言，是否了解客户的需求是生死攸关的大事。大多数人认为，了解客户的潜在需求是销售部门的责任，与其他部门无关。

　　很多人不愿意尝试从客户的角度思考，习惯站在企业的立场思考问题，即使客户的意图明确时也是如此。他们认为客户的要求是不合理的，不愿意多做任何努力来提高产品的质量，更糟糕的是他们过于关注企业的内部关系而忘记了客户。太多的管理者只考虑公司内部"和谐"，却不考虑客户。需要谨记的是，忘记客户的公司最终将被客户遗忘。

企业高层管理人员应先反思自己对成果导向的认识，还需要密切关注自己在客户至上原则方面对公司进行了什么样的指导，结果如何。企业需要上下齐心，共同回应客户的需求。

5.2　关注成果

"目标只有一个,手段可以有无数种",这个指导理念需要贯彻。怎么做并不重要,重要的是获得结果。在松下电器,他们不会说,"必须这样做",或者"必须那样做",而是说,"做这个怎么样",这种说法是"成果导向"而不是"过程导向"。然而,传统的指导理念是所谓的"标准化"理论,它坚持的思想是"无论有多少目标,方法只有一种"。

标准化理论对常规的重复性的日常工作应该是有用的,仅对从事该类型工作的人而言是这样的,然而,这个理论对管理层没有太大意义,对肩负创新和应对变化的人而言,完全没有意义。这个理论不适用于未来的建设,如果没有认清这一点的话,就会头脑混乱。更准确地讲,传统的标准化理论总是会妨碍对变化做出反应,其背后隐藏着危险。今后,经营者应具备的不是处理日常重复性工作的能力,而是通过迎接和应对未知的挑战,提高企业经济效益的能力。

这是否意味着应该完全放弃标准化理论呢?也不完全

是这样。从另一个意义上说，标准化有助于应对变化和促进创新。标准化理论可以帮助非熟练员工通过标准化日常重复性工作，来完成熟练员工的工作，这在很大程度上减轻了管理人员的日常任务，他们就可以将大部分时间放到建设未来的工作上。

从这个意义上说，对标准化的需求将继续增长。常规的、重复性工作的标准化，在实际当中还有很大的改进空间。目前的情况是，越来越多的公司依据"标准工作法"，但其实际效果却令人怀疑；另一个缺点是其静态的规定过多，缺乏具体的制度。和我 30 年前学管理的时候相比，标准化的问题在细枝末节上有一点进步，但没有任何质的变化，这对企业来说是一大不幸。不断呼喊着改进、进步、蜕变的管理理论，其实是最保守的。

真正重要的标准化与其说是操作的标准化，不如说是工作的标准化。工作是指一个人从接过接力棒开始，到把接力棒交给下一个人之前的一段时间的单元任务。在这个单元时间范围内，工作的任务由承担者负责。更重要的是"工作流程"的标准化。命令链是通过层次结构垂直进行的，对此存在很大的争议。工作是在部门之间横向流动的，关于它的争论几乎没有，只有一个抽象的概念，叫作团队合作。抽象的团队合作和协作的想法只是鼓吹精神态度，对局部主义和推卸责任的实际作用不大。因此，在部门之间横向流动的工作不断地在分流中出现问题。

现在很多企业存在的问题是，日常工作和流程不规范，接二连三出现问题，于是不得不忙于处理问题，而没有精力投入建设未来的重要工作中。按照这个工作状态，无论现在的工作做得多好，都无法期待将来能从中获得更多的成果。

"创新才是真正出类拔萃的成果。"因此，关注成果就是在关注未来的工作。把注意力从现在的工作转移到未来的工作上，才是管理的正确态度。我们需要摆脱传统管理理论的束缚。

5.3　错误法则是否与 ZD 矛盾

特里向我们展示了一个新的关于权限的概念，即"错误法则"。工作就是要得到结果，只要能得到好的结果，方法是什么并不重要，因此，必须摒弃传统的以方法为中心的思维方式。

员工个人决定方法的话，就可以一个接一个地尝试新方法。然而，尝试新方法不可避免地会犯错误。这些错误需要被"容忍"，他们的权限就是"犯错的自由"。

无疑，这是对传统管理理论的一场革命，笔者也同意这个想法。然而，现实中还有"ZD 运动"[①]这样的管理理念。与"容忍错误"不同，"ZD 运动"主张的是"缺点清零"。有些企业引进了这两种理论，并且正在引起混乱。目标管理的讲师和 ZD 运动的讲师都没有提及的是，管理理论

[①] 零缺陷（Zero Defects）的首字母缩写词，也称为无缺点运动。这个理念始于 20 世纪 60 年代的美国，后来蔓延到日本。据日本管理协会咨询网站介绍，ZD 最大的特点，顾名思义就是消除缺点。缺点就是缺陷、故障、灾难等，消除就是"零"。它是一种理想的状态。对于 ZD 而言，"正确地完成工作，不制造缺陷产品"是它追求的效果。

的受害者永远是企业。

这两个看似矛盾的理念，其实并不矛盾，只是讲授的讲师不明白而已。一般而言，有两种类型的错误。一种是决策失误，称为"失误"，另一种是执行上的错误，也就是说结果是错误的，叫作"错误"。设计上的错误就是"失误"，实施上的错误就是"错误"。换句话说，目标管理失误就是失误，ZD运动的缺点就是错误。

失误在一定程度上是允许的，否则没有人会进行新的尝试。犯了错误，人们才能不断反思，不断改进。对错误置之不理是毫无道理的，一旦犯错，我们就需要继续尝试，直到获得正确的结果为止。概括起来就是"对决策失误需要容忍，但不能把错误带入结果"。如果我们理解了错误和失误的区别，就不会困惑了。

5.4　向上思维

既有的管理理论只关注"管理下属",并没有引导各级管理者达成最重要的任务,即协助上级达成经营目标。这是非常奇怪的,是一种"上司为下属而存在"的想法。我们不能忽视的是,上级不是为下属服务的,下属是为上级服务的。

管理者必须具有向上思维,只有充分了解上级的意图,才能知道如何对待下级,也就不会在不了解客观形势变化的情况下进行管理了。仅了解目标,并不意味着管理者理解了上级的意图。如果客观情况发生变化,即使目标不变,上级的方针也可能会改变。如果不能了解客观形势的变化和管理层应对这些变化的政策,这样的管理者是不称职的。

按照既有的管理理论,上级要做的就是了解"下属对他的期望",并对下属的期望做出回应。这种思维方式显然很可笑。如果是下属的个人期望,还在可以理解的范围内。如果下属的想法涉及的是公司的工作,这个想法显然是错误的。

因此，管理者先要重视与上级的接触，而不是与下属的接触。他们必须不断与上级保持联系，持续了解新的外部情况和上级的应对方针，然后及时将其传达给下属，并清楚地表明自己的期望，即希望下属达成的目标是什么。这样，下属才能全力开展工作。

了解了新的形势和公司的政策，员工才能做出相应的努力，这符合基本的人性逻辑。总是以下属为中心的管理者，不知道如何应对客观形势的变化，更容易忽视客户的需求，是最不受公司欢迎的，对下属而言也不是一个好上级。

5.5　培养向上级争取权限的意识

探讨组织理论时，经常会涉及"责任权限论"。关于传统的责任权限论容易引发的问题，拙著《向管理发起挑战》已有详细论述，这里只强调一个重点。

无论是责任还是权限，企业只能对自身有经验的事项制定权责，无法对没有经验的事项制定权责。需要强调的是，未来的企业将会不断面对从未经历过的新情况。当面临新的挑战，如果责任人强调"职责权限还未制定"的话，就会束手无策，事实上，情况会更糟糕，企业将会失去处理新情况的有效时机。

责任人在面对新情况时，需要做出应对决策，并判断自己是否有权限，如果没有，就应该向上级申请。上级可以决定是否授予其相应的权限，或者自行处理。由此可见，对于未来的企业而言，明确权限的责任在责任人，而不在上级，这就是应对变化的理论。因此，"未授予权限"这一说辞只是在逃避责任，上级需要向下属解释清楚，并确保其完全理解。

把工作委托给下属意味着下属可以自由行动。上级因此能够获得更多的时间，可以更加专注于谋求企业的发展。顺应客观形势变化，寻求发展途径，应该是管理者至关重要的工作。认识到这一点的话，上级把权限给下属，也就具有了新的意义。只有掌握了上述新理念，才能成为符合企业要求的拥有未来经营理念的管理者。

5.6　从分工主义转向项目主义

"分工主义"是传统组织理论的特征之一，是用制度将职责固定下来的"固定的分担主义"，但是对需要应对新变化的企业而言，分工主义就不再是一个适当的选择了。就实际情况而言，企业通常不会是所有的部门同时忙碌，也不会是特定的部门全年忙碌。一般而言，特定部门只在特定时间忙碌，该部门忙碌时也不会有其他部门支援，这就是在按照"分工主义"行事。但是，这显然是有问题的。

繁忙的部门，一般不会寻求援助，因为其他部门的人不了解情况，贸然加入，只会增加麻烦。他们更倾向于要求增加员工，以保证部门在忙碌时有足够的人手，但在空闲时期，也不会试图减少人数。如此一来，部门的人员数量就不断增加。于是，就算工作人员再多，也只有小部分人在忙碌。这样的企业组织结构，除了整体效率低下，更大的问题在于缺乏应对变化的灵活性和机动性。

妥善应对新形势事关企业未来的发展，所以企业更有必要摒弃分工主义，转向项目主义，针对重大项目，设置项目经理，让其对项目负全责。项目成员组成团队，通力合作，共同实现一个目标。项目完成后团队解散，整个过程是动态灵活的。

为了保证项目的实施，传统的分工主义就成了障碍。最近，许多公司取消了科长制度或大幅度整合了部门，就是这个原因。企业贯彻项目主义自然会缩小部门规模。这才是企业应对变化和谋求生存的智慧，一直被过往的组织理论束缚的企业必将消亡。

为了生存，我们的企业应该设定什么样的目标，以怎样的姿态去实现，需要开展哪些活动？思考这些问题才是促进企业发展的关键。在这个过程中，企业的每个成员都有机会为了共同的目标而努力，这也为每个成员提供了成长的机会。无论对于企业还是对于员工而言，这种高密度且高效率的方式都是有益的。

今后的企业管理必须根据客观形势和客户需求的变化，组建合适的项目团队，在明确的责任理念下努力实现目标。即使不以项目为导向，也可以用这种精神来运营和管理一个组织。

笔者在拜访一家贸易公司时，向他们提出想看一下组织结构图，得到的回答是"我们公司没有组织结构图"。它是可以进入日本排名前十的大型贸易公司。笔者询问原因，公司的高层回答说："就算我们创建了组织，两个月后情况发生了变化，它也就不再适合现实情况了，如果还按照既定组织结构运营，我们就会输给竞争对手。为了随时应对变化，我们不是按照组织系统，而是按照职位制度运营的。各级的各种指令随时手写，然后复印发放。"优秀的企业果然有过人的原因，这样的运营方式就是其一。不是因为没有组织结构图而高人一等，而是因为它对待工作的理念高人一等。

5.7 灵活应对客观情况

笔者曾到 S 工业公司做过调研，当时该公司正准备开启一项新的工作。为此，该公司订购了七台机器，在迟到了一个月之后，机器终于到货了。他们赶紧安装机器，准备开工。但机器出了问题，无法投入使用。

于是，该公司立即将机器退给制造商并要求他们修理。笔者询问 S 公司制造部的部长修理需要多长时间，他回答一个星期可以修好一台，得一台一台地维修。那就是说全部修好大约需要两个月！当询问他货款时，他说在交货的同时即付了全款。我当即对那位部长说："机器的货款，不是在收到货物时支付的，而是在机器安装到指定位置并完成试运行后才支付的。得保证机器正常使用才能支付啊。现在，货款已经付了，已经无法挽回了。处理机器修理的方式是错误的。原本就延时交货了，现在还需要再费时修理！这种时候还坐在办公桌前说什么'每周可以修理一台'。"这时，这位部长开始强调他如何拼命斡旋才让对方答应一周修理一台，而不是两周。似乎做到这样他就算完成了任务。笔者打断了他的话，说："你这样的工作方法，无论怎样让下属努力工作，他们也动不起来！现在正好也没有其他特别重要的工作，你现在就去厂家，监督他们的修理工作，直至修理结束。你坚持每天在他们公司社长办公室工作，当然，差旅费由对方出。这样做的话，这些修理工作应该在一周或十天内就完成了。"听了这话，这位部长一边说"又被批评了"，一边开始准备出差。

在工作中，总会出现无法预料的问题，如客户不提供产品规格，不提供特殊材料，没有足够的空间，人员短缺，等等。上级就算给了下级明确的工作目标，并全权托付且不干预他们的具体工作方法，那也不能对上述制约因素熟视无睹，不能因为将具体落实的工作托付给了下属就放任不管了。

对于下级而言，上司靠一己之力迅速处理这些制约因素的行动，是胜过一切言语的。有了这样的支持，下级会毫无怨言地工作。如果上级受困于无意义的愚蠢的人际关系，在工作上犯了错误或出现疏忽的话，下属也不会努力工作。上级实现目标的愿望和行动是激励下属的动力。

第六章 缺失检查等同于没有目标

6.1 不成功的检查

面对实施目标管理的公司,笔者一定会问的问题是"工作的检查是如何进行的"。大多数公司的回答是"公司的各项工作都比较忙"……结果就是,只是展示了目标,没有对工作开展后期检查。

在目标管理中,实现目标的方法并不重要。无论采用何种方法,关键是要达到目标。因此,一般的理念是,上级要尽可能赋予下属权力,让他们自由行动,发挥他们的创造力。笔者完全同意这个理念,上级对下属的做法给出过多指示或者要求的话,就是干扰。既然让下属自由行动,上级只要对他们进行统合性的管理就行了。那么,什么是统合性管理呢?这没有清晰的界定。这样管理的结果是,员工对目标的成果做出评价和反思(这据说是目标管理的一个特点),之后,与上级商量,制定下一个更高的目标。据说,这样做是为了激励员工。

这是何等如沐春风的世界啊,讲师不知道的是,在这样的世界里,人有多么萎靡不振,取得的成绩又是多么微乎其微！讲师认为的人际关系就是要努力给人带来一种满足感。因为他们认为，给一个人满足感的话，他的工作效率就会提高。这是一个根本性的错误。

人有一个习性，一旦感到满足就会停止努力，也就是说，满足感会让人产生懈怠，工作的质量和数量会在不知不觉中下降。世上没有人能够在满足感中取得优异的成绩。除非理解这一点，否则人际关系理论家不会思考真正的人际关系。

我们思考一下满足感。一个人真正的满足感是在舒适的环境中从事与能力相匹配的工作，在上级细心的关注下产生的，还是在被迫接受看似不合理且责任重大的目标后历尽千辛万苦实现目标时产生的？答案是后者，它才是真正的满足感和幸福感产生的条件。

人际关系理论家如果真的尊重人并想给予其满足感，应该给他们艰巨的任务并敦促他们努力完成。在这个过程中，人得到锻炼，会对自己取得的成绩感到无限满足，会更加自信，生出迎接下一个更高、更难目标的勇气和动力。"如沐春风"般的世界不会提供任何真正激励人心的东西。

"目标是靠个人的意志来统筹的"，这种说法过于理想化了。虽然有既定目标，但人们忙于日常工作，在没有上级的督促全靠自我统筹的情况下，努力实现目标的优秀人才其实不多。实际上，员工优先考虑日常工作是再自然不过的了。有时候，上级会提醒说应该开汇报会了，然而上级也忙得不可开交。慢慢就发现，即使不开汇报会，日常工作也开展得很顺利。于是，不经意间，汇报会就变得可有可无了。这也就成为不例行检查的理由了。

如果半年或一年后再做工作反思的话，热度已经下降了。没有达到目标，就只是分析一下原因，聊做反思，大家也就不需要为达到目标付出努力了。再或者，就以日常工作也是达成目标的一部分为由，不做任何反思。那么，检查工作也就不成立了。即便是一年之后，上级的检查也是有一定价值的，但大多数公司都只是半途而废，徒留其名，并没有真正落实。

我们用理想主义来美化，比如忽视上述事实，认为每个个体成员能自我控制、自我评估和反思。实际上，这只有少数优秀的人才能做到，但管理理论应该是适用于大多数普通人的，而不能只适用于少数优秀的人。

经营企业如同打仗，是一场生死存亡的较量。无论如何企业都要生存下去，管理者要赢得战斗。这是至高无上的命令。对于赢得生存条件的目标，通过随随便便的努力就能达成的想法是徒劳的。"每个人都应该为了实现目标而自行调控",有这种想法的上级是懒惰的、懈怠的,是自己放弃了目标。

很多管理者认为,把具体的工作方法交给下级,上级再多嘴指导的话,就是干涉了,所以不可以说太多。笔者完全同意这样的看法。每个人都能自我调控,为实现目标而努力,这是非常好的状态。

但这不意味着"员工的反省优先,上级检查居后"这种目标管理的指导理念是正确的。这种错误存在于目标管理的思想本身。它认为,目标应该根据每个人的能力来设定,按照这个思路,当设定一个目标时,就已经有了可以实现的前景,所以结果当然也是确定的。于是,就有了员工先评价自己,再由上级做出评价的模式。

这种思想成立的前提条件是公司永远不会倒闭。这种前提当然不存在,所以,这样的思想不是我们所需要的,且是有害的。那么,上级应该如何检查工作呢?想起来就检查,或者随心情检查都不是好办法。检查工作安排不得当,上级会筋疲力尽,影响其开展正常的工作。那么,应该怎么做呢?

6.2　上级必须定期检查

目标是管理层为了企业生存而下的决心。为了实现目标，企业必须不惜一切代价。因此，上级需要进行强有力的监督。

委托实施和检查结果完全是不同的两回事儿，目标管理的讲师似乎不太懂这个道理。将工作委托给下属是没问题的。检查也委托给下属的话，那意味着上级放弃了管理的责任。

对于企业而言，工作如何完成并不重要，所以，上级把工作交给下属完全没问题。这样可以省去上级的很多具体工作。对被委以重任的下属而言，这样也更容易开展工作，容易得到好的工作成果。但是，上级必须时刻关注目标，无论如何都要获得成果，因此，检查和确认是必须进行的环节。放弃检查和确认的话，就是对工作的懈怠。

过了目标完成日期，即使发现结果与目标存在显著差异，那也是马后炮了。无论对此进行什么反思，对结果都是于事无补的。话说回来，如果上级检查太多，从结果上看就算不上是把工作委托给下属了。那么，如何做才算是既把工作委托了又恰到好处地做了有效检查呢？定期检查是一个可取的办法。设定目标时，上级就需要明确地告知检查的节点，之后的工作由下属自由发挥，除非遇到紧急情况，否则严禁上级的一切干预行为。

这样做既能够实现目标，又能够利用检查的机会给予下属必要的指导和建议。检查的时间跨度应根据目标的性质和重要性来确定。每月设定月度盈亏目标为宜，其他目标大约每三个月为一个周期。但是，对于特别重要的项目，最好根据具体情况确定检查的时间点。那么，如何才能有效地完成检查？

6.3　在汇报会上进行检查

检查工作应在每个层级的汇报会议上进行。与其对每个部门单独进行检查,不如在汇报会上集中进行。这样做可以促进多方的沟通,节省时间。这也是难得的训练表达能力的机会。

表达能力是未来企业各层级管理者应具备的非常重要的能力之一。无论对上级、同事,还是对下属,如果不能正确地传达自己的想法,就无法履行职责。从另一个意义上说,在汇报会上的述职就能促进目标的实现。每个人都有自尊心和自豪感,在同事面前汇报一个非常不好的结果是丢面子的事情。人一旦丢了面子,下次就会加倍努力工作。某个销售公司每个月都会根据销售业绩更改座位顺序,这也是激发员工活力的行之有效的方法之一。

经营计划书要明确规定汇报会的时间。在会议上,汇报的人员可以将复印的简单的报告分发给所有与会者。开会时,上级先汇报公司的成绩与目标的比较,接下来,每个人按照设定的时间,以简洁的方式汇报情况。如果不设定时间限制，会议就会变得没有效率、拖沓。

报告中的重要事项，主要有以下几项：

（1）目标

（2）实际结果

（3）未能达成事项的对策

需要注意的是，我们应该严禁追究未达成目标的原因，因为无论多么努力地寻找失败的原因，都无法改变既定事实。追究原因不仅浪费时间，而且危害很大。因为从追问原因的那一刻起，这就不是汇报会了，而是变成了批判会。上级变成了"检察官"和"法官"，而下属变成了"被告"和"律师"。在这种情况下，被告和律师总是获胜，因为谁都能给出完美的理由，"下雨了""刮风了"之类的都能成为很好的理由。

如果上级对一个完美的答案点头，或保持沉默，不表达意见的话，下属就会认为："上级已经认可了，所以失败已经有了结论了。"这样的处理非常符合人性，但是，如果真的出现这种情况，反而无法判定问题到底出在哪里了。如果上级追究或反驳下属给出的理由，下属就会说，"实在做不到，没有那么容易操作。如果那么容易的话，上司应该自己去做"，进而对上级产生不信任感。

无论是何种情况，如果让汇报者把注意力放在未达成目标的原因上，就会导致责任不明确，于是，实现目标的最高命令很可能变得模棱两可。因此，一定不要让下属分析未达成目标的原因或理由。因为遇到火灾的话，灭火比找出原因更重要。对于未达成的目标，重点不在问为什么，而在于接下来的措施。因此，不要问原因，而是要询问下一步将采取的措施。

那么，是不是没有必要探究原因了呢？当然不是，探究原因是绝对必要的。笔者想说的是，不要在会议进行时探究原因。会议不是审判，而是做出前瞻性决策的场所。项目负责人应该在会议前自行查找原因，并且思考对策。这就是自我协调，负责人要带着对策出席会议。

根据笔者的经验，十家公司中有九家会在汇报会议上追究未达成目标的原因，结果，汇报会变成了一个"回头看"的会议，无法进行前瞻性和建设性的讨论。

汇报会应该只关注实现目标的措施，用上级实现目标的决心促使大家找到对策。因此，最后达成的对策不能是抽象的，必须是具体的、有实操性的。如果对策流于应付或缺乏实操性，上级就要追问到底。但过多的追问会阻碍议事进程，最好与责任人商量好时间，再做彻底的对策讨论。同时，一定要明确决定下次协商的时间和地点。

如果遇到严重的情况，上级需要亲自介入具体工作，就不能完全靠负责人了。这就是异常管理。但此时上级不能抛开负责人，这不仅是一个面子的问题，还可能让其失去自信。要通过负责人来解决问题，他看到上级解决问题的方式，会深刻反省自己的做事方式，理解自己思考的不足之处和错误，从中得到启发。这是培训下属的最佳时机。上级需要记住的是，达成目标是下属的工作，不可越俎代庖。

从上述分析中可以清晰地看出，提出目标和督促下属达成目标是上级的职责，而实现目标则是下属的责任。目标是上级的决心，检查表达的是坚持达成目标的决心。

没有坚持的决心可能会在遇到障碍时失去动力，这会导致过早地与限制因素妥协。因此，重在坚持不懈，坚持不懈的毅力是目标达成的关键。如果做不到定期检查的话，就不如不要设定目标，通过自我协调来管理目标只是"纸上谈兵"。

实现目标是一项非常艰巨的工作。被检查一方会如何看呢？某公司的一位科长对笔者的表述非常具有代表性。"以前的汇报会，我不需要做准备就可以参加。虽然被问及为什么没达成目标的时候,我也会不愉快,但总是有一个看起来自然的理由。结果就是,目标没实现是有道理的,责任变得不清不楚。对比来看,新的办法实在是令人痛苦,'尚方宝剑'似的借口被'封印'了。而且,我必须带着解决的措施去参加会议。我再也不能没有准备就去参会了,这很可怕……"他接着说:"不过,这才是原本该干的事儿。"

第七章 保持高利润和高工资的经营目标

7.1 目标和绩效评估相结合

对于实现目标来说，公司的成员是不可或缺的，然而公司不是为了其成员而存在的。所以，公司应该依据取得的业绩和成员对业绩的贡献程度来支付工资。然而，准确衡量个人的成就，并且按照个人的成就相应地给予奖励是不可能的。此外，工资包含很多要素，不能单纯地依靠成果主义。

尽管如此，在工资方面，成果主义的基本原则是必须遵循的。因此，做什么样的评价就成了一个大问题，而且很难，因为业绩评价没有合适的标尺。实际上，对高级管理人员，还是比较容易做绩效评价的。因为他们的工作是有一些具体的评价标准的。但中下层管理人员，其标准就比较不清晰了；一般员工的话，就基本上没有标准了。

传统的模糊的评价方法，是列举一个人的抽象能力并对其打分。这实际上没有什么科学性。因为不能拿出客观证据证明那些抽象的衡量标准与员工对公司的贡献有密切的关系，说到底，那些依据不过是主观期待，所以评价也是非常主观的。因为是主观的判断，上级只要有"这个人做得不错""那个人不好"之类的直觉就够了。

没有人能够回答为什么合作能力、计划能力和知识可以按同一个分数评价。那么，用一个不知道对错的尺度去衡量，也就无法判断对错。尝试过的人应该都有体会，如果用这样的方法去评价的话，只会得到不靠谱的结果。最后，我们只能依靠直觉。

这是传统评价方法的本质，是非科学的典型。这种评价方法唯一的意义在于，被评价者可以得到解释，即结果"不是凭直觉评价，而是用科学的方法得出的"。因此，公司应该停止依赖抽象的绩效评估，而需要考虑更具体的绩效评估方法。

在绩效评估上，重要的是结果，而不是手段、过程、努力程度、抽象能力等。如果这些内容都非常好，与结果联系起来，产生了好的结果，那么只看结果就足够了。为了获得好的结果，尽可能少地付出努力是非常重要的。"在经济社会里，竭尽全力的想法是没有用的，唯一重要的是质量和价格。即便没有竭尽全力，如果质量好，价格低，就是好商品。没有人会为'竭尽全力'支付薪水。"（本田宗一郎）

这就是生产率的概念。基于这个思维方法，我们可以给绩效评价做以下排序：

（1）不劳而获的好结果

（2）通过努力取得的好结果

（3）没有努力，结果也不好

（4）虽然努力了，但没获得好的结果

如果不搞清楚这个排序的意义，绩效评估只会引起混乱。重视努力的想法源于对结果的期望，而不是努力本身。但是，努力确实是一种"美德"，因此，在绩效考核和奖励政策上，我们会奖励成绩好的员工，比如晋升、加薪、发奖金等，也会奖励努力的员工，比如给予表彰，但是不会给予升职或者加薪。这样的做法是正确的，正如"奖状不能当饭吃"一样。获得表彰而没有得到奖励的人，需要反思，其上级也需要反省，需要思考给予他的引导是否存在失误。

7.2 评估高管的方法

高级管理人员的绩效可以采用直接与公司绩效挂钩的方式，也可以采用与公司绩效密切相关的方式。对于业务经理等人而言，只要用业务部门的利润评估就足够了；如果是销售经理，可以衡量销售额、增长率、附加值等；如果是制造部部长，可以根据相当明确的绝对数字来评估生产产量、成本等。另外一种方法就是，查看绩效结果与实现结果所花费的成本的比率，换句话说，就是生产率的概念。计算公式如下：

部门经理业绩 = 部门业绩（销售、生产、附加值等）÷（部门人工费用 + 部门其他费用）

需要注意的是，人工费用和其他费用只包含部门特有的，不应该包括共同的项目。如果把共同的项目也放进去的话，反而不知道真实的数字了。

关于中下层管理人员的业绩评估，情况有所不同，因为越是低层管理人员，就越难用与高层管理人员相同的标准来进行评价。这一部分需要多下些功夫，而且有必要考虑在不花费太多金钱和精力的情况下采取合理方式进行评估。笔者认为，以"附加值"为中心的评价是相对合理的方式。附加值是企业创造的经济价值，只要它还是生产率的基本概念，就应该是评价的核心。计算公式如下：

部门生产率（部门经理绩效）= 部门创造的附加值 ÷（部门人工费用 + 部门其他费用）

部门其他费用只包含特定开支，不应包括一般共同开支。还需要指出的是，不能仅评估这个计算的结果，必须考虑趋势，必须从比率的角度来看待"生产率"，以消除人员增减和工资增长等波动。这样的评估有利于做到各部门的公平公正。

一个部门附加值的绝对量，基本上是由产品的赢利能力决定的，是无法靠部门负责人的意志或努力控制的。如果以附加值的绝对量来评价的话，被分派到不赚钱产品的部门就会处于劣势。那么，基于趋势的评估可以防止这种不公平导致的错误。

趋势评估的另一个好处是，当生产过程被横向划分时，部门的附加值是根据工时的划分计算的，并考虑了部门设备的差异。趋势评估几乎不需要争论计算方法的有效性。在查看趋势时，绝对值是多少并不是太大的问题。

需要注意的是折旧成本。无论采用何种会计处理方式，在进行绩效评价时，都需要采用"直线法"，因为采用余额递减法的话，与部门努力无关的折旧费将逐年减少，依此计算的话，生产率就会被计算为增加了。

间接部门生产率的衡量是工作的难点。因为间接部门工作的性质，所以很难用数字来表达他们的成果和绩效。事实上，这种绩效衡量的困难也是间接部门"臃肿"的一个重要原因。随着公司的发展或现代化，新的管理实践和制度被不断引入，除了少数例外，在这个过程中，间接部门工作量在一直增加，间接部门的工作人员也随之增加。间接部门到底是如何为企业的整体业绩做出贡献的，老实讲，并不好评估。可以清晰评估的是间接部门工作的本质意义和需要花费的部门费用。

因此，间接部门对企业而言，到底是发挥了积极作用还是消极作用，是经营者的困惑之一。笔者认为，这个问题也可以使用生产率公式来量化。间接部门是为公司创造经济价值而存在的，这是毋庸置疑的。那么，为了衡量这些部门是否达到了目的，可以用间接部门所服务的部门或产品的附加值除以该部门的成本。计算公式如下：

间接部门的生产率（间接部门负责人的绩效）=

服务对象部门或产品的附加值 ÷（部门人工费用 + 部门其他费用）

费用必须是固有费用。只要企业从事经济活动，每一层级管理者的绩效最终都是可以用生产率来衡量的。但是，生产率是定量的，不是定性的，把内容说清楚非常重要。那么，我们应该如何规定内容呢？评价内容应该与企业的指导方针有直接关系。具体的例子可以是与减少事故或减少投诉相关的目标，可以是管理能力的提升，也可以是对客户服务态度的提升等。

企业将这些方针和预期结果作为目标，并确定评估的标准。我们应该希望的是积分制，按照积分的多少来加权，明确公司的意图。这就是使积分系统有意义的原因，即使它有不科学的地方，但依然有必要，因为它反映了管理层的意图。

当然，这些内容要与企业的目标同时公布。只有事先公布项目和评价方法，评价才有意义。这才是真正意义上的正面评价，才是正确的指导方法。成果主义也需要做到这么彻底。

7.3　评价员工绩效的方法

当具体到普通员工时，评估个人绩效就变得特别困难，因为衡量的成本变得太高，太不划算。至于流水线上的工作，则完全没办法衡量了。无法衡量的工作当然无法评估，但是笔者也不赞成传统的方式，除非根据具体内容进行评估，否则没有意义。

作为公司目标呈现的用于评估高层管理人员绩效的项目，有可能也适用于个体员工，当然，也有可能不适用于个体员工。因此，公司可以把对个人的期望定为目标，同时明确评价的标准，使用积分系统分配权重，阐明公司的意图。这个操作与对高层管理人员的评价操作完全相同，也需要提前公布标准。

考核的项目一定要具体，"出勤率怎么样""上班是否准时""有没有遵守标准的工作方法""是否善于帮助他人""是否遵守安全规则"等，可以考虑的内容有很多。重要的是关注"我们公司期望的内容"，而不是"可以考虑的内容"。

在每个时期，这些目标都可能发生变化（包括对高层管理人员的期望亦如此），当然，也有不变的时候，重要的是，一旦实现了目标，就要继续制定下一个目标。如此一来，每个员工都可以清晰地明白企业对他们的具体期望是什么，也可以明白自己将被如何评估。

这样，员工可以自己思考评估的内容，与常规的抽象的评估相比，更容易接受评估的结果。未来的绩效考核不仅要具体且直接与公司目标和指导方针相结合，还要动态响应客观形势的变化。眼下，已经到了完全摒弃落后的评估方法的时候了。

7.4　创造高利润和保持高工资才是企业的生存之道

企业必须生存。近年来，企业的生存变得越来越困难了。过去，企业的破产大都是经济不景气造成的，然而，近两三年以来，无论经济状况如何，破产企业的数量一直在上升。

一方面，企业面临的外部环境越来越严峻，变化越来越快。另一方面，劳动力成本的飙升和劳动力短缺正威胁着企业。面对如此多的压力，有一个基本的立场是生存所必需的。

它就是保持高利润、高工资。仅靠高利润，难以持久；光靠高工资，会毁了公司。这不是管理的问题，而是经营哲学与战略的问题。为了实现高利润和高工资，企业必须依据高层管理人员的愿景制定长期目标。为了实现这一目标，公司成员必须积极向上，以"创新与应对变化"的基本态度团结起来。协同一致，方得始终。

附录　怀念我的父亲

"一仓，去死！一仓，去死！"像往常一样，受到父亲严厉指导的社长在一张纸上写下"一仓定"，然后贴在墙上，用拳头顶着纸，大声地喊着，一遍又一遍……

面对初次见面的一位社长，父亲严厉斥责着："滚，滚出去！"社长沮丧地离开了。大约两年后，这位社长再次出现在我父亲面前说："当时被您赶出去，我特别生气，但是过后仔细想想，您说得没错。今后还请您多多指教。"

这两个故事都是我从父亲那里听来的，当时他一边微笑着，一边给我讲述。这笑容应该源于他指导了上万家企业的骄傲、信心，或许还有信念。

上小学和初中的时候，学校每年都要让我填写"家庭情况调查表"，其中有一栏是父亲的工作。每次我都是先问了父亲再填写，但工作地点每年都不一样。每次都问我觉得很麻烦，所以向哥哥核实，他说："写'公司职员'就可以了，谁知道什么时候就又变了。"

父亲不知反复加入和离开了多少家公司，很多时候是他对公司领导者失去了耐心，就辞职走人。在成为管理顾问之前，他遇到了许多社长，并且从他们身上学到了很多东西。父亲经常不能按时把薪水拿回家，母亲为了贴补家用，开始卖保险。当时，哥哥上小学六年级，我上三年级，妹妹上一年级。我们变成了脖子上挂着家门钥匙的孩子。

后来，母亲告诉我，她支持父亲做自己想做的事情，但唯独反对他成立公司。于是，父亲开始走上了当企业顾问的道路。当时，父亲默默无闻，在推销自己上下了很多功夫，办法之一就是写书。他的第一本书是《成本核算的陷阱》。为了宣传这本书，他准备了演讲场地并分发了传单。正是因为传单，父亲结识了对他影响深远的F社长。F社长曾经这样回忆他们的交往：

我在京都经营一家公司，但生意不好，正处在不知何去何从的时候，放弃了管理公司，开始在伊豆的旅馆混日子。在榻榻米上躺平的时候，我看到了一张一仓先生的讲座传单，于是立刻决定报名。

第一天上课，大约有200名学生。第二天，学生人数减半。到了第三天,学生人数又减了一半。

第三天的讲座结束后,F社长在东京饭田桥车站前等着我父亲,对他说:"请一定不吝赐教。"之后,F社长每个月都会来拜访父亲,从上午10点至下午5点接受辅导。到了下午5点钟,F社长会放下资料,然后说:"一仓老师,您的指导到此结束,现在轮到我了,我们出去喝一杯吧。"

F社长因病做了全胃切除术,所以他几乎不能吃固体食物,瘦得离谱,但一举一动都充满了力量,他的眼睛漆黑深邃。不擅长喝酒的父亲,趁着酒意问F社长:"我的咨询业务很不起眼,将来到底会怎么样呢?""一仓老师,您一定会成为全日本第一的。"父亲这样不自信的一面,只在F社长面前袒露过,而且就这一次。

"鬼仓",这个称呼不是他人给的,是我父亲的自称。有一次,一位社长找父亲咨询,并获得了很多建议,但是这位社长没有付诸实施,最终公司破产了。之后父亲做了反省:"如果我再强势一些,就算骂他,强迫他实施,他的公司可能就不会破产了。从今以后,我就是'恶魔'了,骂也要把他们骂到实践的地步!"

许多社长都被这种恶魔般的做法虐待过,被用记号笔在脸上写下"X"的社长，接受了多半天沉默指导的社长，在员工面前被骂得颜面扫地的社长……这些社长有一些共同点，说起父亲对他们的辱骂，个个都笑眯眯的，颇为得意。

在父亲的理论当中，有一个非常基础的内容，没有它，公司就如同"沙滩上的城堡"。它就是环境维护，很多社长最头疼的就是"环境维护"，即打扫卫生。

父亲去位于四国的 M 酒店检查的时候，给酒店的"环境维护"打了 30 分，满分 100 分。虽然不及格，但 M 酒店社长说："现在是 30 分的话，那还有 70 分的提升空间。"当时，酒店有扩建计划，一个候选地点就是现在酒店的斜坡上方。我父亲立刻去查看。一条长满野草的狭窄山路，穿着皮鞋不好行走，大约 20 分钟后，到了地方，父亲说："这个位置不错，能建得很不错。"父亲的意见给了这位社长很大的鼓励和信心。

日本东北地区的 Y 公司，是食品包装容器批发商。公司成立之时，其社长认为办公室里应该一片嘈杂，都是客户要求下单和确认的电话声。在父亲的指导下，办公室逐渐安静下来，他说："现在非常安静，我们的销售也很稳定。"

一天，打扫过后，社长询问员工："真的很干净了吗?""非常干净了。""那我来检查检查。"社长脱下外套，露出白衬衫，躺在地上，开始扭动身体。白衬衫脏到什么程度我没有问，但从那之后，每次打扫完，大家都开始做这个"扭动操"了。

为了环境维护，他们检查仓库的存储状况，之后从家居中心采购材料，建了新货架，并检查了进货和发货的流程。环境整顿之前，出货旺季时，需要6名男性员工加班收货、发货；环境整顿之后，同样的工作只需要2名女员工和2名兼职人员，并且不用加班。其后，在父亲的指导下，Y社长停产了三款利润微薄的畅销产品。

整顿环境，是对症治疗，那么预防性治疗是什么呢?那就是保持清洁。Y公司虽是生产食品包装容器的，但还研发了美味的咸菜。据说，这种咸菜曾受到过"香醇皇后"的夸奖。

因为产品是食物，所以他们在厨房清洁上下了很大功夫。其中之一就是在容易"藏污纳垢"的地板和墙壁间的接缝处添加了圆弧条，以防止污垢堆积。为了更好地维护环境，员工们纷纷出主意想办法，由被动变主动。其实，要达到这个效果，是要有一定的契机的。下面介绍三个实例。

（1）我曾经拜访过的S公司。它在改善公司环境方面一直进展缓慢。在我拜访其公司的时间确定了下来之后，社长趁机激励员工说："明天会有一位了不起的先生（我的父亲一仓定）的公子来公司，大家一定仔细打扫，绝不能丢脸啊！"结果，公司变得比以往都干净。社长趁热打铁说："这不是尝试就能做到嘛。"

（2）一家烤肉店。在进行环境维护指导时，父亲将收银台附近一个脏兮兮的金属垃圾桶扔在了地板上，店里的其他人纷纷跑了出来。当着他们的面儿，父亲大声训斥了其店长，员工们开始反思：让店长难堪了，实在不应该。

（3）N公司。父亲要求"用30分钟清理大小如杂志摊开的一块空间"。社长按要求吩咐下去了，但女员工反对，没有执行。她们拒绝用抹布花30分钟擦一小块儿地方，也不是毫无道理。然而，在一个炎热的夏日，女员工透过二楼办公室的窗户看到男员工满头大汗地清理公司大楼的外墙时，被这一幕感动了。她们也随之发生了变化。

父亲认为公司应确保400勒克斯的亮度，为了检查工作场所、销售区、车间等的亮度，他的包里装着一个光度计。有经验的人都会明白,要确保400勒克斯是相当困难的。对于调高很多的车间,父亲给出的指导是:在远离工作区的天花板使用水银灯,在近处使用荧光灯。车间明亮了,女员工也变得更美了。洗手间也遵循这一原则,因为在明亮的镜子面前,员工更容易确认自己是否脱妆,从而可以立即补妆。

公司建筑物的外墙也要清洗,保持清洁。父亲认为外墙清扫到离地2米处,再高的地方一定要请专业的清扫公司。

这本书的内容是关于目标管理的,具体做法就是设定目标,然后制定一个实现目标的计划。我们常常听到的说法是,"既然没有按计划进行,那么制定计划也就没什么意义了"。这种说法当然有一定的道理,但是我父亲认为,"无法按计划执行也非常重要"。制定计划时,考验的是社长的功力,他既需要了解市场形势,也需要考虑企业自身的能力。无法按计划执行意味着什么呢?它意味着公司的实力、社长的认知与市场形势有差距。

计划无法顺利进行的原因就在于这个差距,它会告诉我们公司的高层管理者存在什么样的认知失误,还可以让你看到不断变化的市场规模与公司规模之间的差异。然后,我们可以努力使公司的规模与市场相匹配。同理，这个差距也能帮助我们了解公司在市场所处的位置。

例如，面包店设定了夹心面包和调理面包的销售目标，其中调理面包达成了目标，夹心面包没能达成。店长这个时候的判断是调理面包达成目标了，说明问题不大，没能达成目标的是夹心面包。这句话背后有可能隐藏着严重的问题。

因为夹心面包"未达成销售目标"，于是，面包店开始拼命着手销售夹心面包。这样的操作是错误的。其实，顾客的需求正在从夹心面包转向调理面包，解决的办法应该是减少夹心面包的产量，增加调理面包的产量。那应该减少或增加多少呢？有一个简单的指导方针，两者都做到"剩下三个卖不出去"。换句话说，就是让目标和成果保持距离。这是我父亲常说的话。

一仓健二